浪花朵朵

山本忠敬的交通工具图鉴

火车的历史

[日] 山本忠敬 著　唐春明 译　浪花朵朵 编译

海峡出版发行集团
THE STRAITS PUBLISHING & DISTRIBUTING GROUP
| 福建教育出版社

新橋

前 言

轰隆隆，轰隆隆……广袤的大地上，一列列火车匆匆掠过。如铁马！如飞箭！雄赳赳，气昂昂，一路高歌猛进！

可谁曾想到，自世界上第一辆火车驶上轨道起，至今已过去200多年了。从最初浓烟滚滚、轰鸣咆哮的蒸汽机车，到穿梭自如的内燃机车，再到快捷环保的电力机车，最后发展到机车与车辆完美结合的高速动车组，这些钢铁巨龙奔驰不休，改变着速度，改变着时空，也改变着整个世界。

让我们来从头回顾火车200年的传奇之路，认识和欣赏各式各样的机车和动车组吧！

本书中出现的年份，是指火车驶上铁路时的具体年份。“汽（气）缸○○ × ○○mm”中，前面的数字○○表示汽（气）缸的直径（简称为缸径，以毫米为单位），后面的数字○○表示汽（气）缸的长度（也称为冲程，以毫米为单位）。下面是内燃机车和电力机车的车轴排列方式（轴式）的表示方法图。

●内燃机车和电力机车的轴式

英文字母表示同一转向架下动轴的数量：A=1，B=2，C=3，D=4。下标o表示车轴是由电动机单独驱动的，无下标o则指车轴成组由液力驱动。
数字表示随动轴的数量。

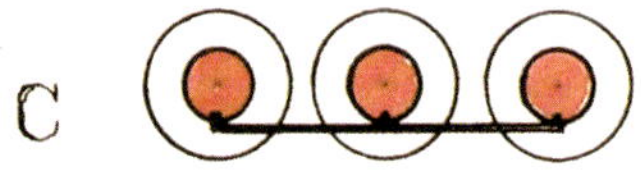

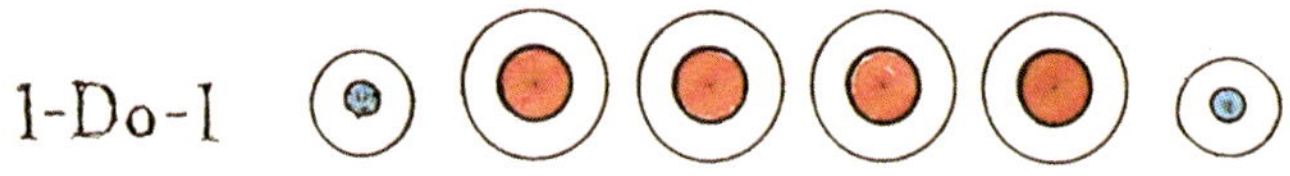

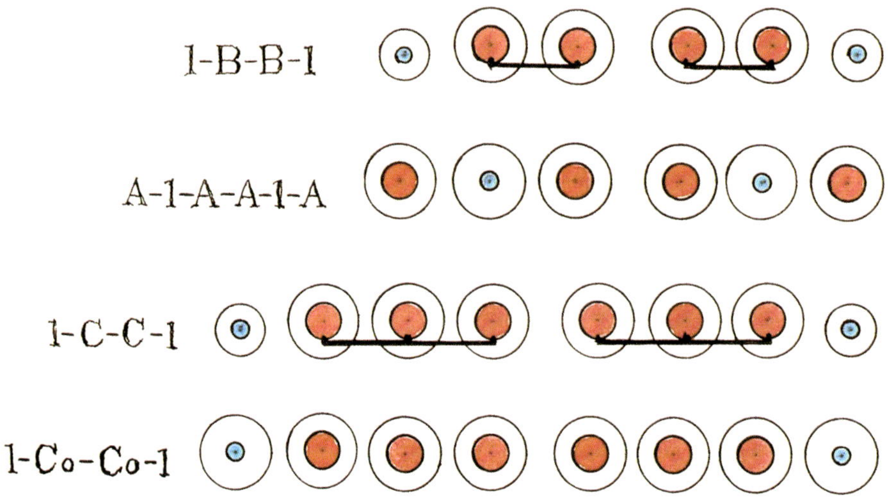

左图下方文字意为：东京新桥站鸟森方向出口（西口广场）和C11系蒸汽机车。——编者注

目 录 contents

前　言

轰隆隆，轰隆隆……广袤的大地上，一列列火车匆匆掠过。如铁马！如飞箭！雄赳赳，气昂昂，一路高歌猛进！

可谁曾想到，自世界上第一辆火车驶上轨道起，至今已过去200多年了。从最初浓烟滚滚、轰鸣咆哮的蒸汽机车，到穿梭自如的内燃机车，再到快捷环保的电力机车，最后发展到机车与车辆完美结合的高速动车组，这些钢铁巨龙奔驰不休，改变着速度，改变着时空，也改变着整个世界。

让我们来从头回顾火车200年的传奇之路，认识和欣赏各式各样的机车和动车组吧！

本书中出现的年份，是指火车驶上铁路时的具体年份。“汽（气）缸○○ × ○○mm”中，前面的数字○○表示汽（气）缸的直径（简称为缸径，以毫米为单位），后面的数字○○表示汽（气）缸的长度（也称为冲程，以毫米为单位）。下面是内燃机车和电力机车的车轴排列方式（轴式）的表示方法图。

●内燃机车和电力机车的轴式

英文字母表示同一转向架下动轴的数量：A=1，B=2，C=3，D=4。下标o表示车轴是由电动机单独驱动的，无下标o则指车轴成组由液力驱动。

数字表示随动轴的数量。

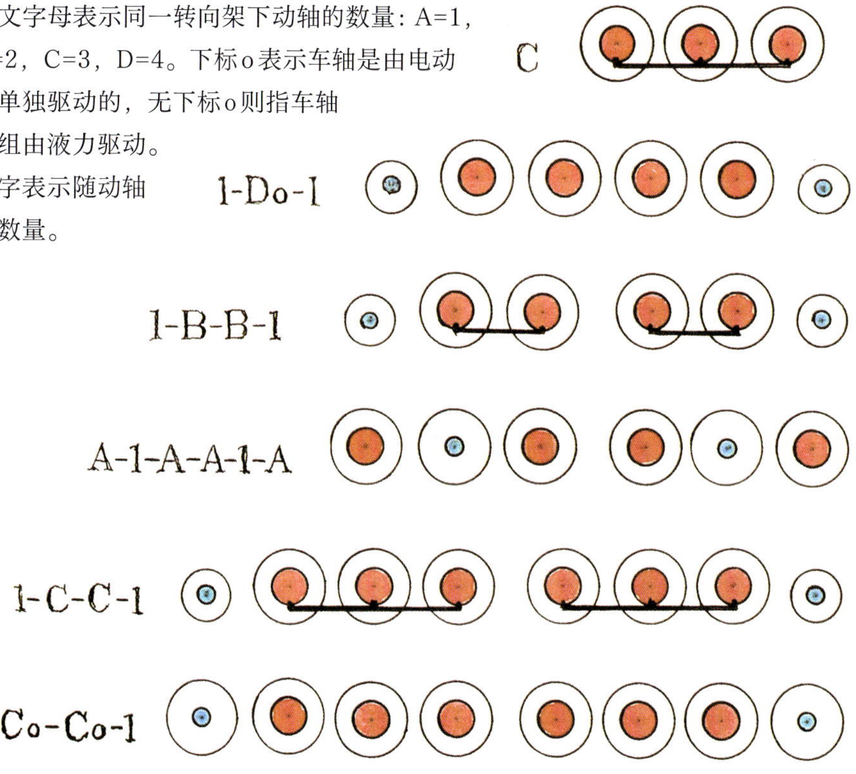

左图下方文字意为：东京新桥站鸟森方向出口（西口广场）和C11系蒸汽机车。——编者注

目 录 contents

5 蒸汽机车驶向辉煌

6 蒸汽机车全盛时期

7 铁路近代化：火车的动力革命

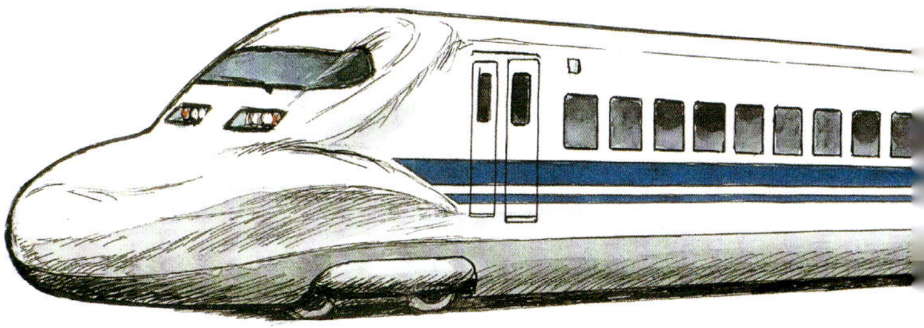

知识小辞典

1 在轨道上行驶的车辆的动力之源

在轨道上行驶的车辆最早出现在中世纪德国的矿井中，也就是那时候架在木制轨道上的运煤手推车。到了18世纪中期，木制轨道和手推车都变成了铁制的。而在英国，人们则用有轨马车将煤炭从矿井运输到城镇和港口。

中世纪绘画：1519年左右，德国南部某矿井
人们沿着木制轨道将装满煤炭的手推车推到矿井入口。

1712年，英国人托马斯·纽科门（Thomas New-comen）研究出了将水加热时产生的蒸汽压力转变成活塞（往复）运动的方法，制造出了可以抽出地下水的蒸汽机，这种蒸汽机被安装在各地的矿井中。1769年，詹姆斯·瓦特（James Watt）发明了更高效的蒸汽机并且注册了专利。1783年他又发明了齿轮联动装置，将蒸汽机的往复运动转变为旋转运动，从此蒸汽机作为动力之源在工业界和铁路行业大展身手，这也成为了发轫于英国的第一次工业革命的标志。

1784年，瓦特的雇员威廉·默多克（William Murdoch）制造了使用蒸汽发动机的三轮车，可是瓦特认为这种车没有前途。*而理查德·特里维西克（Richard Trevithick）受到了默克多的蒸汽三轮车的启发，之后，他就制造出了在轨道上行驶的蒸汽机车。

* 因为该车采用了高压蒸汽机，而当时普遍采用低压蒸汽机。——编者注

人的力量

16 世纪初，欧洲东南部的矿井，装有木制轮缘的矿车

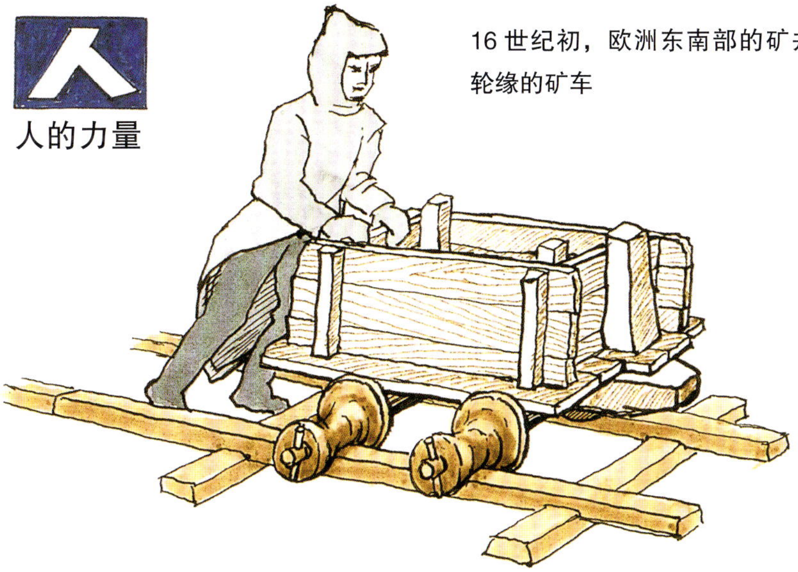

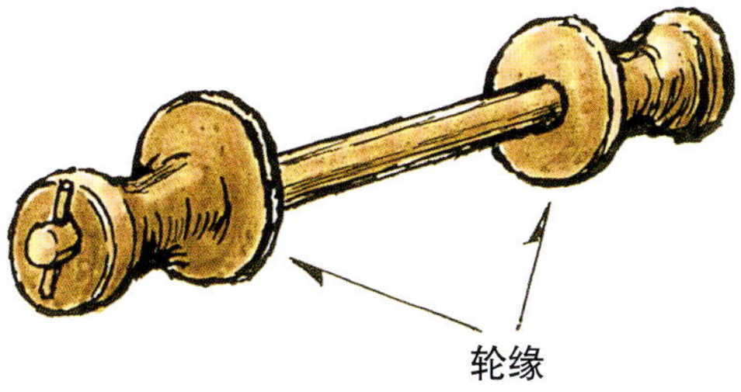

18 世纪初，瑞典南部矿井的矿车（带有铁制车轮）

约 1705 年起，木制轨道演变为铁制轨道。

1765 年左右，英国的有轨马车

马的力量

工业革命

18世纪60年代，在英国，因为纺织机械的发明，纺织业从家庭手工业生产转变成机器工厂生产，以此为契机，英国开始了工业革命。这场革命从根本上改变了人们的社会生活，并且推广到了全世界。*

法国工业的迅猛发展始于19世纪30年代，德国工业则从1871年国家统一后开始迅速崛起。俄罗斯和日本分别在1830年和1870年左右开始了工业革命。美国工业则在南北战争（1861—1865年）以后才高速发展，第一次世界大战之后，美国的工业机械化程度超过了英国，达到了“机器时代”的顶峰。但是，工业革命也带来了很多问题，如劳工问题和环境问题等。

* 蒸汽机作为动力机被广泛使用就是第一次工业革命的标志。——编者注

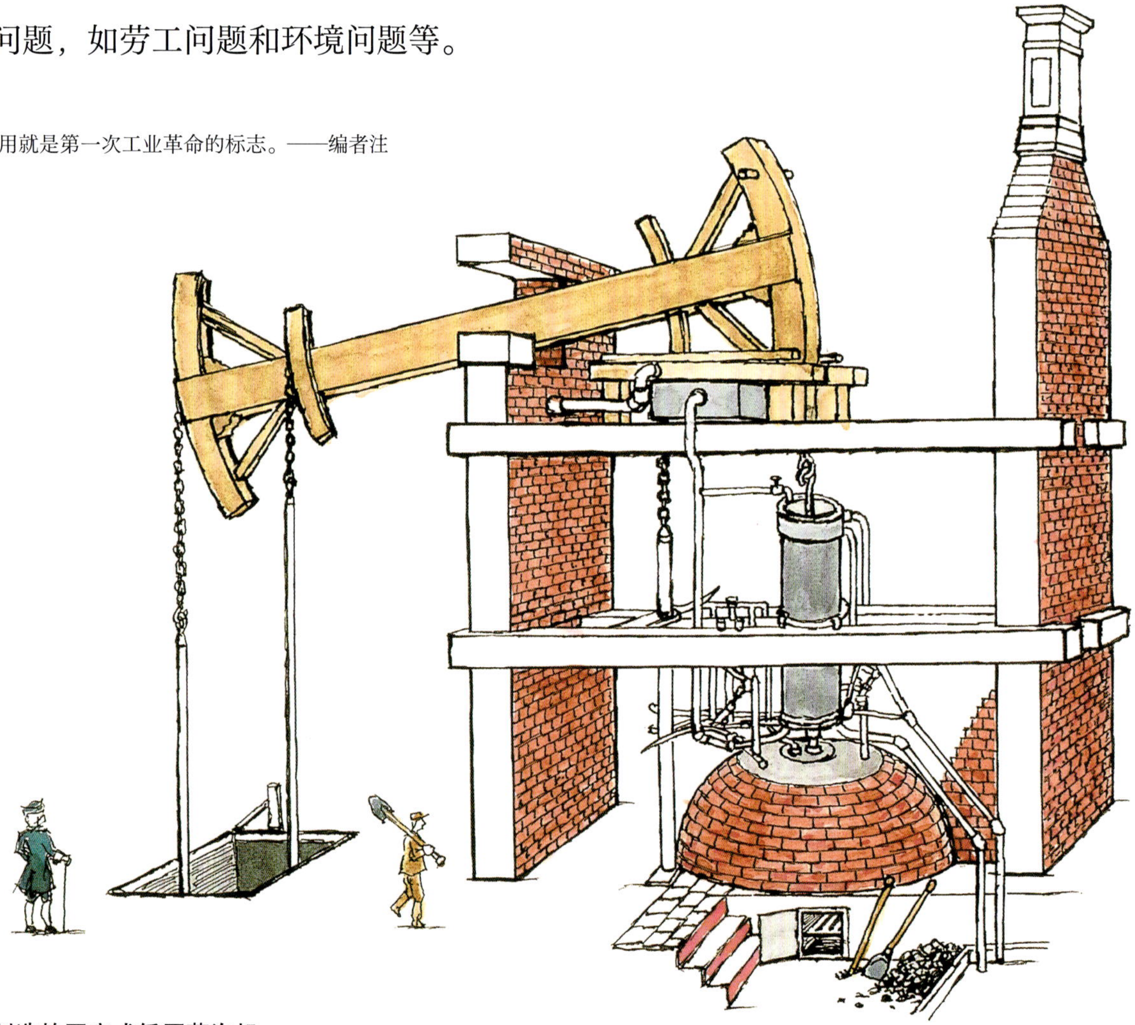

1712年，英国，纽科门制造的固定式低压蒸汽机

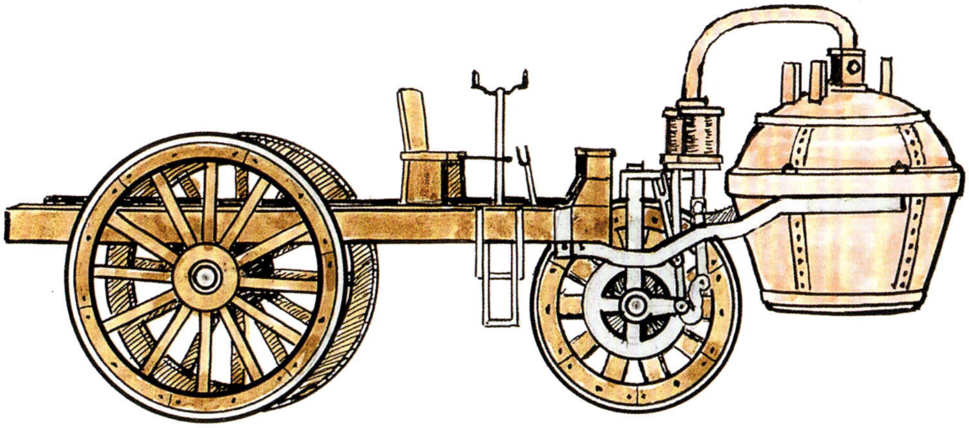

1769—1770 年，法国，尼古拉斯·居纽（Nicholas Cugnot）制造的蒸汽三轮车
陆军上尉居纽设计它来拉运大炮，但是没能投入使用。

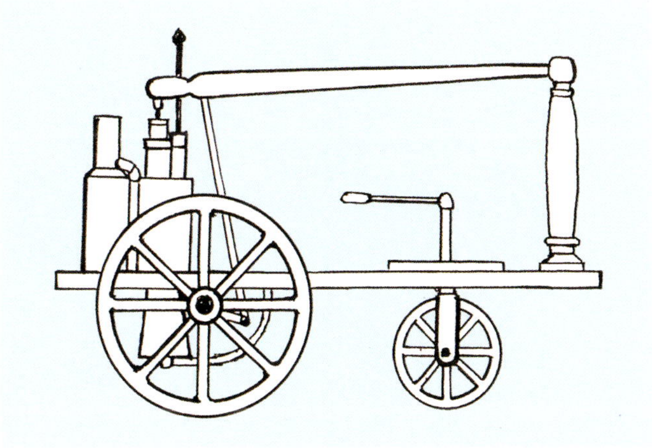

1784 年，英国，默多克的蒸汽三轮车

1801—1803 年，英国，特里维西克的蒸汽汽车
因为这辆车不是在轨道上行驶的，所以它不是机车。

2 蒸汽机车的诞生

受到默多克的蒸汽三轮车的启发，理查德·特里维西克在1803年制造了一辆巨大的蒸汽汽车，并且在伦敦街上行驶。他想为这辆汽车寻找投资人，可是没能找到。正值此时，南威尔士的一位钢铁厂老板与人打赌，下了500基尼的赌注，赌有人能造出可以在轨道上拉着10t（吨）铁矿石行驶的蒸汽机车。听到这个消息的特里维西克很快制造了一辆蒸汽机车。1804年2月，这辆机车拉着5节车辆，载着70名乘客和10t铁矿石，历经4小时05分，跑完了彭尼达伦（Penydarren）至阿伯卡嫩（Abercynon）之间的15.7km。这就是世界上最早的蒸汽机车。特里维西克为那位钢铁厂老板赢得了赌金，但是这辆机车实在太重，将铺好的轨道都压坏了，所以没有得到商业应用。

特里维西克制造的第4辆蒸汽机车，宣传语为“谁能追上我”
1808年7月至9月，这辆机车在伦敦的广场上拉着客车在环形轨道上行驶，每位乘客要交一先令车费。这项为机车寻找投资人的活动用“谁能追上我”作为宣传语，但最终还是没有吸引到投资。立式单汽缸，时速19km。

1804 年，英国，理查德・特里维西克制造的
世界上第一辆蒸汽机车

卧式单汽缸，时速 8 km，重 5 t，飞轮直径 2,000 mm，车轮没有轮缘。

1804 年 2 月 13 日，特里维西克制造的世界上第一辆蒸汽机车正在行驶

理查德·特里维西克（1771—1833）

机械天才理查德·特里维西克1771年出生在英国康沃尔郡的一个矿主家庭，父亲是一家锡矿的总经理。特里维西克从小学时代起就经常在矿井的机房里玩，虽然他在学校的成绩不太好，但他很喜欢摆弄机械，在19岁时就当上了煤矿工程师。此后，他不断改良矿井中的蒸汽机。1797年，他制造出了可以抽出更深的地下水的蒸汽机，从此声名远播。不久之后，他的研究兴趣又从蒸汽机结构转移到蒸汽机车和蒸汽汽车上来。

在1801年的平安夜里，特里维西克邀请了几位朋友，驾驶着他制造的蒸汽汽车试跑，这次试跑大获成功。后来他把车停在酒馆前面，和朋友们一起去喝庆祝酒了，结果这时汽车的蒸汽产生器（锅炉）因为过热而燃烧起来，最终将汽车完全烧毁了！1803年，特里维西克又制造了一辆巨大的蒸汽汽车，汽车载着乘客在伦敦街道上行驶，使许多人都惊叹不已。1804年，他造出了世界上最早的蒸汽机车。在1808年，他还制造了用来拉客车的蒸汽机车。在伦敦的广场上，他驾驶着这辆机车在环形轨道上行驶，目的是为蒸汽机车寻找投资人，只可惜时机尚未成熟，没能吸引到投资。之后，对机车死了心的特里维西克还发明了蒸汽扫雪机和脱粒机等。

1816年，特里维西克远渡南美洲的秘鲁，在矿井中监督蒸汽机的安装，但好景不长，他遭遇了南美独立运动，机械被毁，甚至自己都险些丧命，后来他逃到了中美洲的哥斯达黎加。1829年，特里维西克好不容易踏上了回乡之旅，可是在途中船又遇难，他最后只剩下穿在身上的一身衣服回到了英国。被贫困和厄运联手打击的特里维西克向英国政府申请援助，却遭到了拒绝。1833年4月22日，这位机械天才走完了他极其坎坷的一生。但他的儿子弗朗西斯·特里维西克（Francis Trevithick）却成为了一位成功的铁路机车总监。另外，他的同名孙子理查德·弗朗西斯·特里维西克，在1888年去了日本担任日本铁路厅的机车总监，1892年又转到神户工厂指导蒸汽机车的制造。而且实际上，理查德·弗朗西斯的弟弟弗朗西斯·亨利·特里维西克（Francis Henry Trevithick）比哥哥还更早去日本上任。

1812 年，英国，齿轮蒸汽机车

世界上最早实用化的商用蒸汽机车，由煤矿工程师约翰·布伦金索普（John Blenkinsop）和马修·默里（Matthew Murray）制造。

汽缸是特里维西克制造的那种立式汽缸，但首次采用了双汽缸，时速约5 km（装载的货物是95 t煤炭）。在英国北部米德尔顿矿山中长约6 km的铁路上运送煤炭，一直服役到1833年。

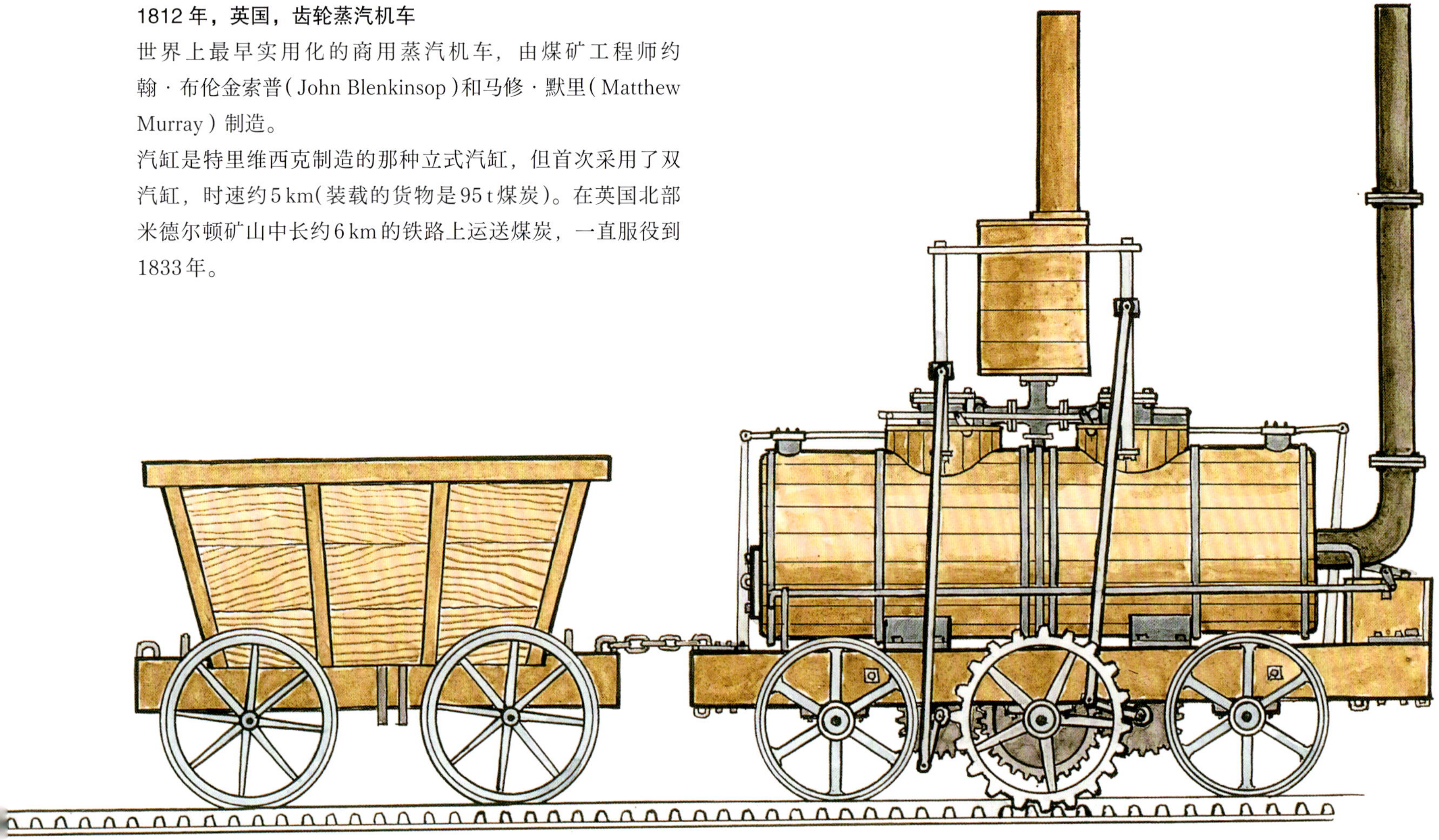

关于齿轮机车

在平滑的轨道上，装有光滑铁制车轮的机车可以不打滑地行驶吗？特别是在上下坡很多的米德尔顿矿山铁路上，货车要装满煤炭行驶。于是布伦金索普想到，可以利用齿形轨道和机车齿轮的相互咬合而前进（一般情况下，机车依靠车轮与铁轨之间的摩擦力就可以行驶）。后来那些坡度较大的登山铁路就采用了这种齿轮机车。1871年瑞士的里根巴赫（Riggenbach）式机车、1885年德国的爱伯特(Abt)式机车等也采用了这种方式。1893年，在弗朗西斯·亨利·特里维西克的指导下，日本信越本线上的碓冰岭路段也使用了爱伯特式机车。如今在瑞士，还有一些登山铁路仍在使用齿轮机车。

行驶中的“帕芬·比利号”

1814 年，英国，蒸汽机车“帕芬 · 比利（*Puffing Billy*）号”

怀勒姆煤矿的老板克里斯托弗 · 布莱克特（Christopher Blackett）买下了布伦金索普的机车，之后与工程师威廉 · 赫德利（William Hedley）等一起制造了这辆机车。汽缸也是立式双汽缸。

1816 年，英国，乔治·斯蒂芬森（George Stephenson）制造的蒸汽机车，在基林沃思煤矿中使用。这是后来的“运动 1 号”* 的原型

斯蒂芬森在1814年就制造了他的第一辆蒸汽机车，但那辆机车不太成功。后来他吸取了前辈特里维西克和布伦金索普的经验，制造出了这辆机车。

用立式双汽缸的活塞运动直接驱动动轮，前后动轮之间用锁链连接。

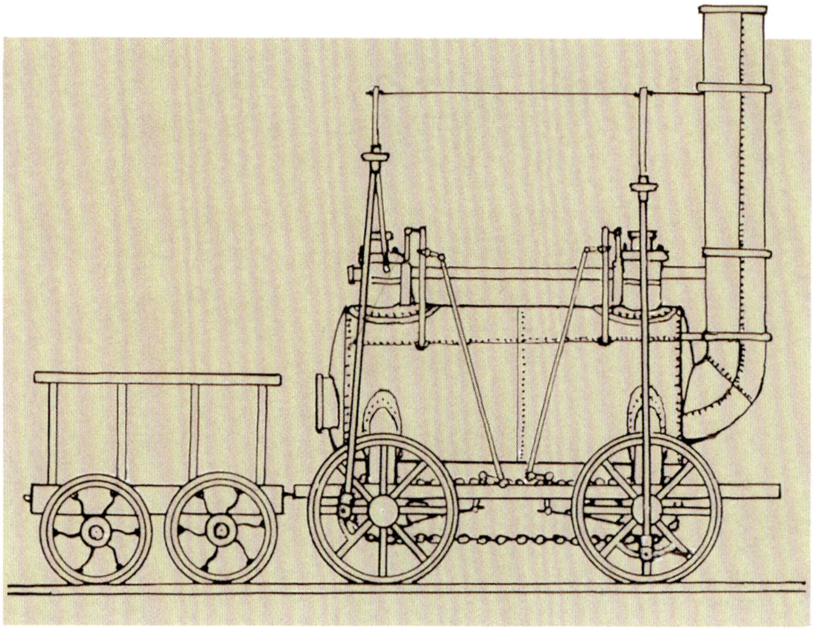

* *Locomotion* No.1，英语中机车叫作locomotive，即源于此。——编者注

1825 年，英国，斯托克顿—达灵顿铁路的蒸汽机车“运动 1 号”，由斯蒂芬森制造。0–4–0（蒸汽机车车轮配置的表示方法 ➡23 页）

行驶在斯蒂芬森负责修建的斯托克顿—达灵顿铁路（世界上第一条商业铁路，长 40 km）上。在 1825 年 9 月 27 日的铁路开通仪式上，斯蒂芬森亲自驾驶这辆机车，牵引着重达 69 t 的 28 节车辆。

立式双汽缸，蒸汽压力*1.7 kgf/cm^2，动轮直径 1,219 mm，重 6.5 t，时速 24 km。锅炉等部件一直在改良，直到使用至 1841 年。

---

* 此处使用的是工程技术上常用的压强单位 kgf/cm^2，称为公斤力每平方厘米。1 kgf/cm^2≈98,000 Pa，可理解为在 1 cm^2 的平面上承受了质量为 1 kg 的物体所受到的重力。——编者注

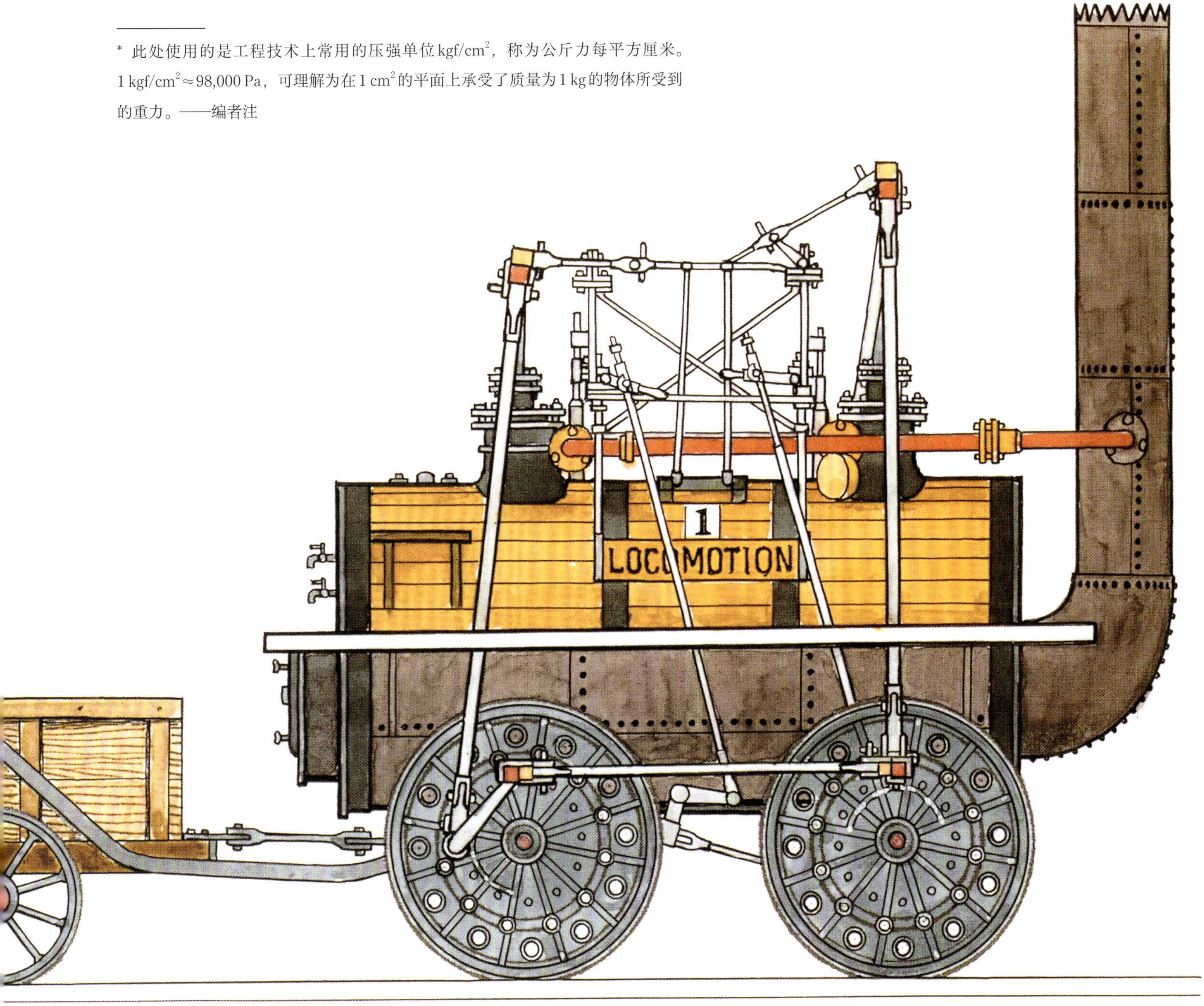

1827 年，英国，蒸汽机车“皇家乔治（*Royal George*）号”。

0–6–0

由斯蒂芬森的助理蒂莫西 · 哈克沃思（Timothy Hackworth）为斯托克顿—达灵顿铁路制造。

立式双汽缸（分别位于锅炉的两侧）。它是当时牵引力最大的机车，可以拉动重 130 t 的车辆，时速 8 km。它也是首辆拥有 3 对（6 个）动轮的机车，后来大部分的大型机车都采用了 3 对动轮。

斯托克顿—达灵顿铁路的第一辆客车

这条铁路上行驶的主要是运送煤炭的有轨马车。

1828 年，英国，蒸汽机车“兰开夏女巫（*Lancashire Witch*）号”。0–4–0

由罗伯特 · 斯蒂芬森公司为博尔顿—利铁路制造。斜式双汽缸（分别位于锅炉的两侧），2 对动轮，主动轮在前面，用连杆连接着后面的从动轮，各个动轮都连着弹簧装置。

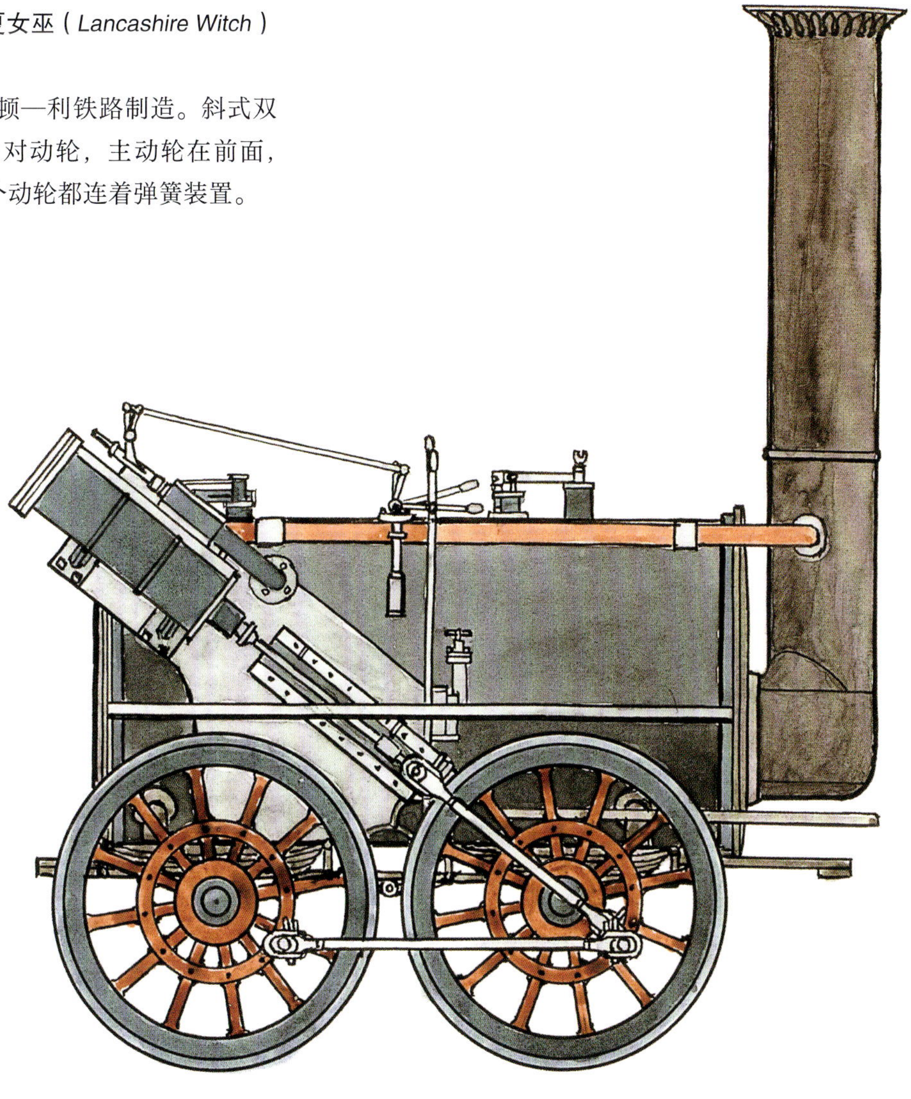

雨山机车竞赛*

为了挑选出最佳的蒸汽机车，1829年10月6日，一场注定会载入史册的比赛在乔治·斯蒂芬森负责修建的利物浦—曼彻斯特铁路（全长56 km）的雨山至利物浦段上展开，主要的参赛机车有3辆:“火箭号”“无双号”和“新奇号”。比赛开始后，“新奇号”轻轻松松地跑了起来，但中途出了故障。“无双号”将要完成比赛时，汽缸因为一个部件铸造不良而破裂（其实，这个部件与“火箭号”上的部件相同，是在同一个工厂中铸造的)。唯有斯蒂芬森父子制造的“火箭号”拉着重13 t的车辆驶完了全程，而且最高时速达到了48 km，因此获得了胜利。从此，斯蒂芬森声名鹊起。蒸汽机车也因性能极佳而得到认可，后来才逐渐成为了陆上交通工具之王。

利物浦—曼彻斯特铁路——世界首条运营铁路（收取费用，定期运送乘客和货物），1830年9月15日正式开通。

1829 年，英国，在竞赛中输掉的蒸汽机车“无双号（*Sans Pareil*）”。0–4–0

由斯蒂芬森的助手蒂莫西·哈克沃思制造。立式双汽缸。

---

* 在利物浦—曼彻斯特铁路修建之初，有很多人反对使用蒸汽机车，坚决支持使用固定式动力牵引机（即在山坡上安装固定式蒸汽机来牵引车辆）。乔治父子据理力争，但谁都无法说服对方。最终铁路董事会才决定组织一场竞赛，来决定是否采用蒸汽机车，并公开悬赏500英镑，奖励给最佳蒸汽机车的制造商。——编者注

1829 年，英国，在竞赛中获胜的蒸汽机车“火箭（*Rocket*）号”。
0–2–2
由斯蒂芬森父子制造。采用火箱（煤炭燃烧的地方）独立于锅筒外的多管式锅炉，斜式双汽缸，时速 23 km。

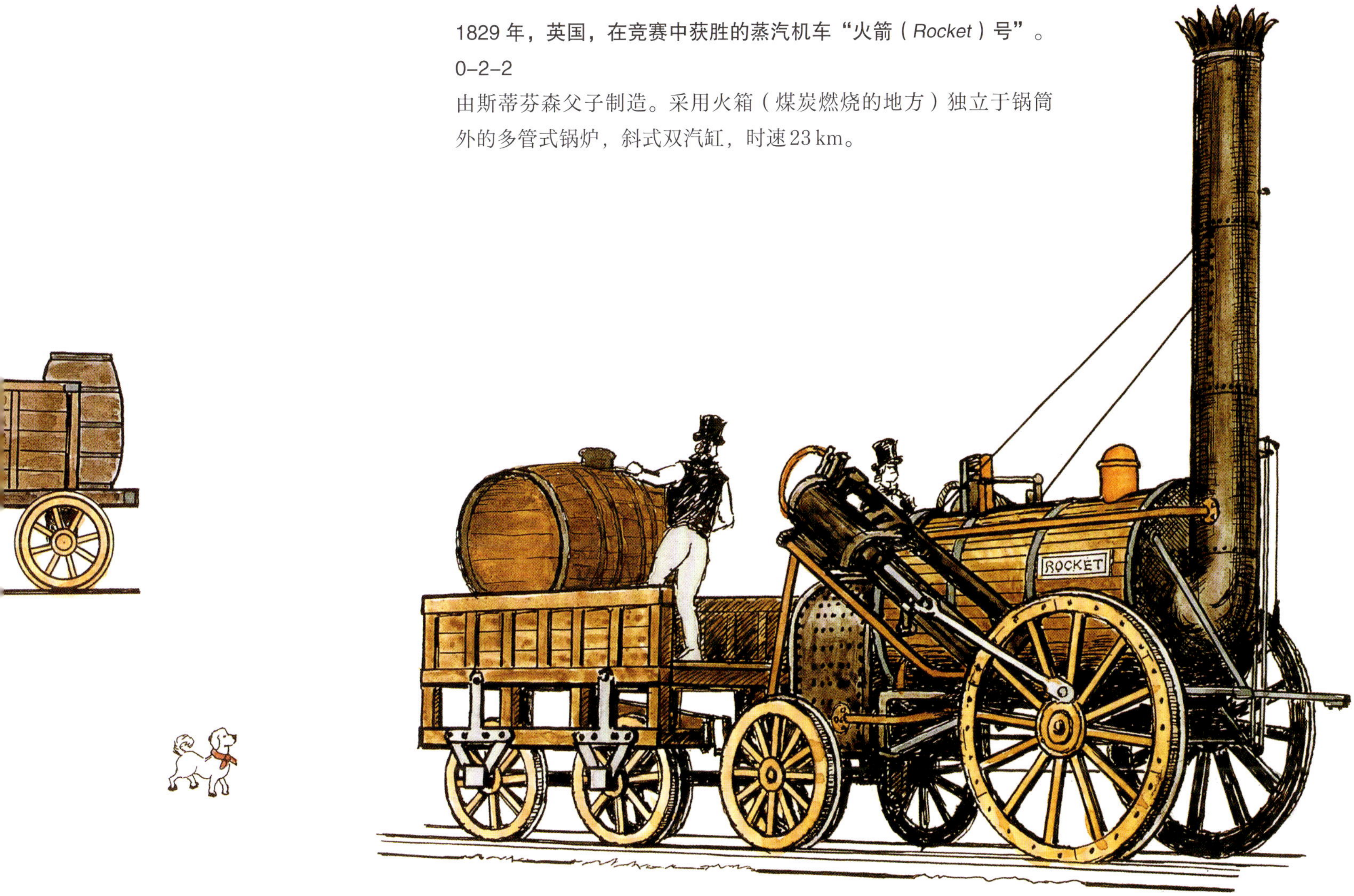

1829 年，英国，在竞赛中输掉的蒸汽机车“新奇（*Novelty*）号”。0–2–2
由约翰 · 埃里克森（John Ericsson）和约翰 · 布雷斯韦特（John Braithwaite）制造。这是世界上最早的水柜机车（➡ 23 页），车身漂亮、速度快，只可惜频频抛锚……

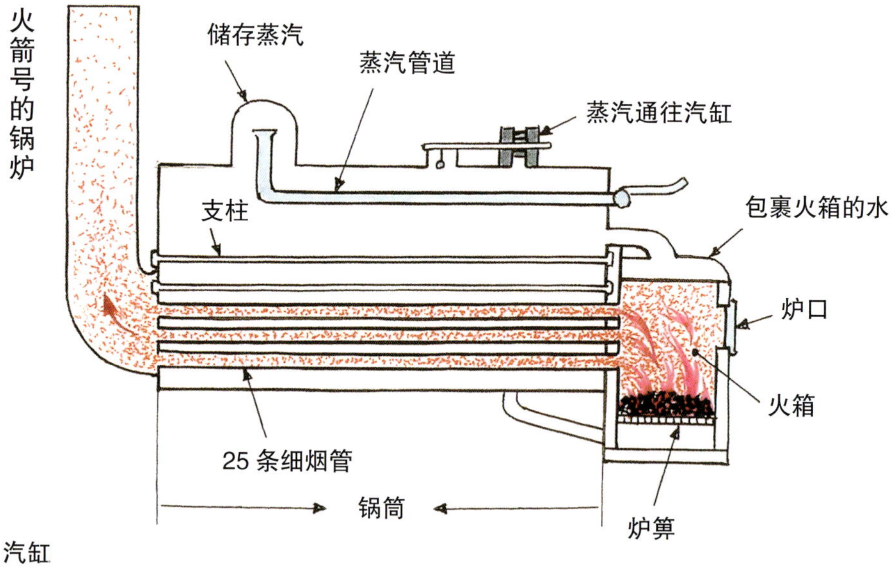

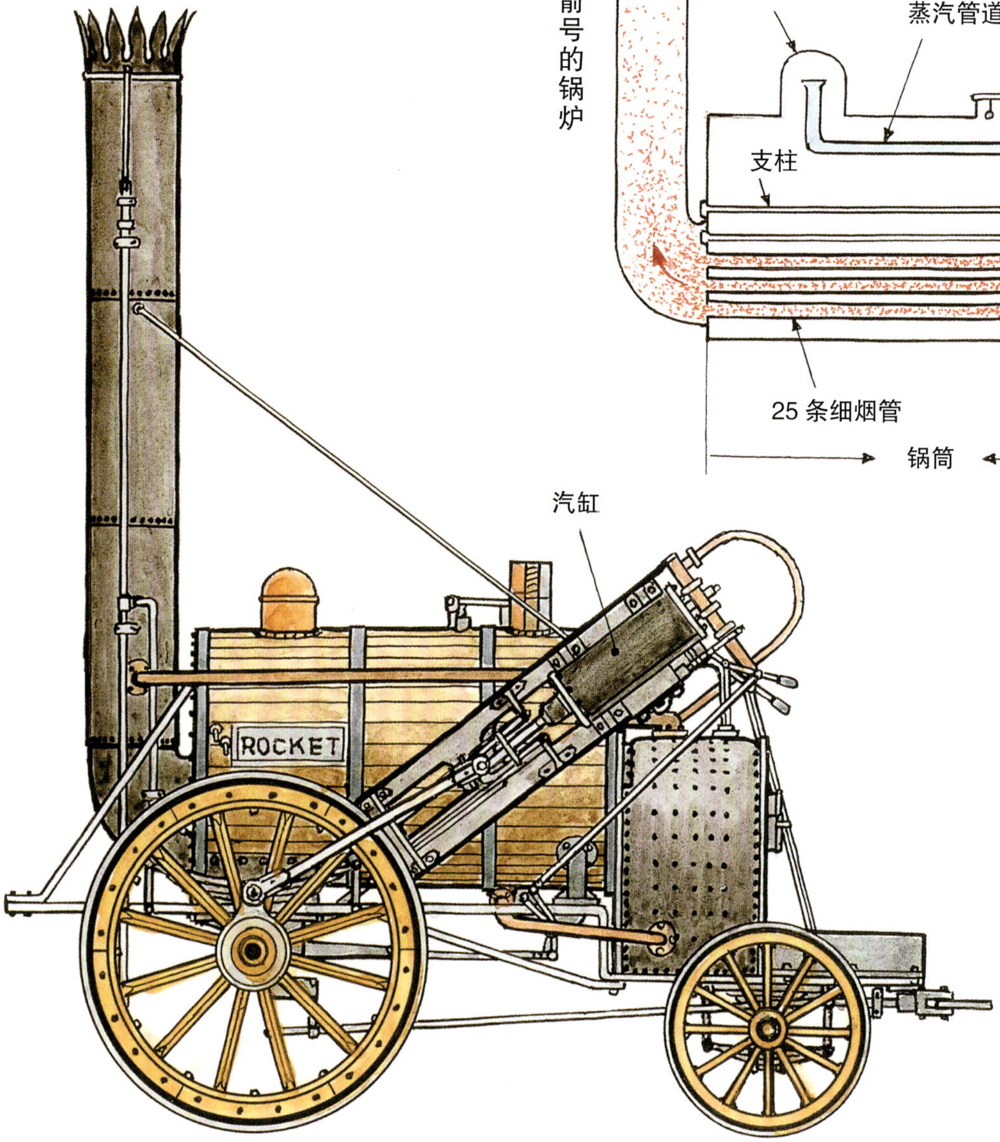

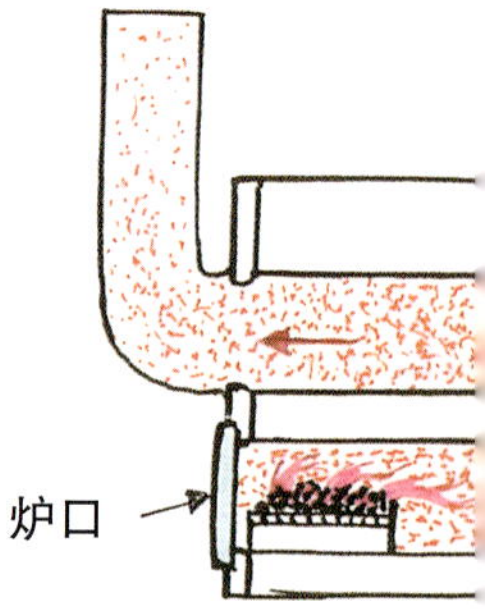

获胜的“火箭号”的出色结构

“火箭号”的火箱用导热性能好的铜制成，锅筒内盛满了水，锅筒外安装了支柱。锅筒内有25条细的铜制烟管，用于将高温的烟火从火箱送至烟囱，同时加热锅筒内的水。这种方式增加了锅筒内的受热面积，大大地加快了蒸汽的产生速度（以前的锅筒只有一条粗的烟管）。就这样，“火箭号”凭借燃煤消耗少、速度快而获得了胜利。

其实在1827年，法国人马克·塞甘（Marc Seguin）就注册了这种多管式锅炉的专利，1829年他制造了法国的第一辆蒸汽机车（➡29页）。

● 水柜机车和煤水车机车

水柜机车：储存煤炭的煤槽和储存水的水柜都在司机室旁，因此既可以前进也可以后退行驶。

煤水车机车：这种机车有一节装着煤炭和水的车厢（即煤水车）挂在司机室后面，因此不擅长后退行驶。

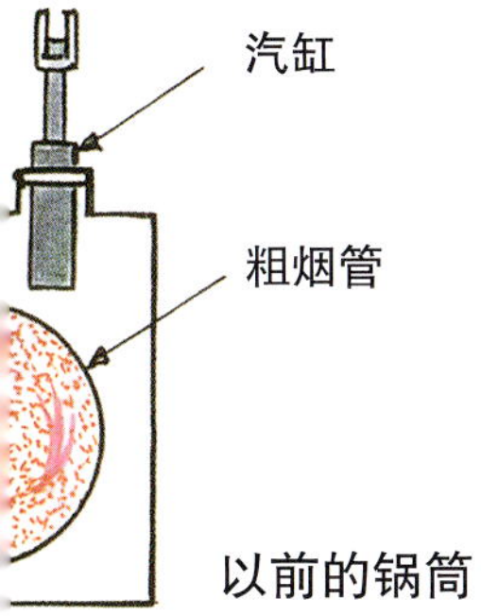

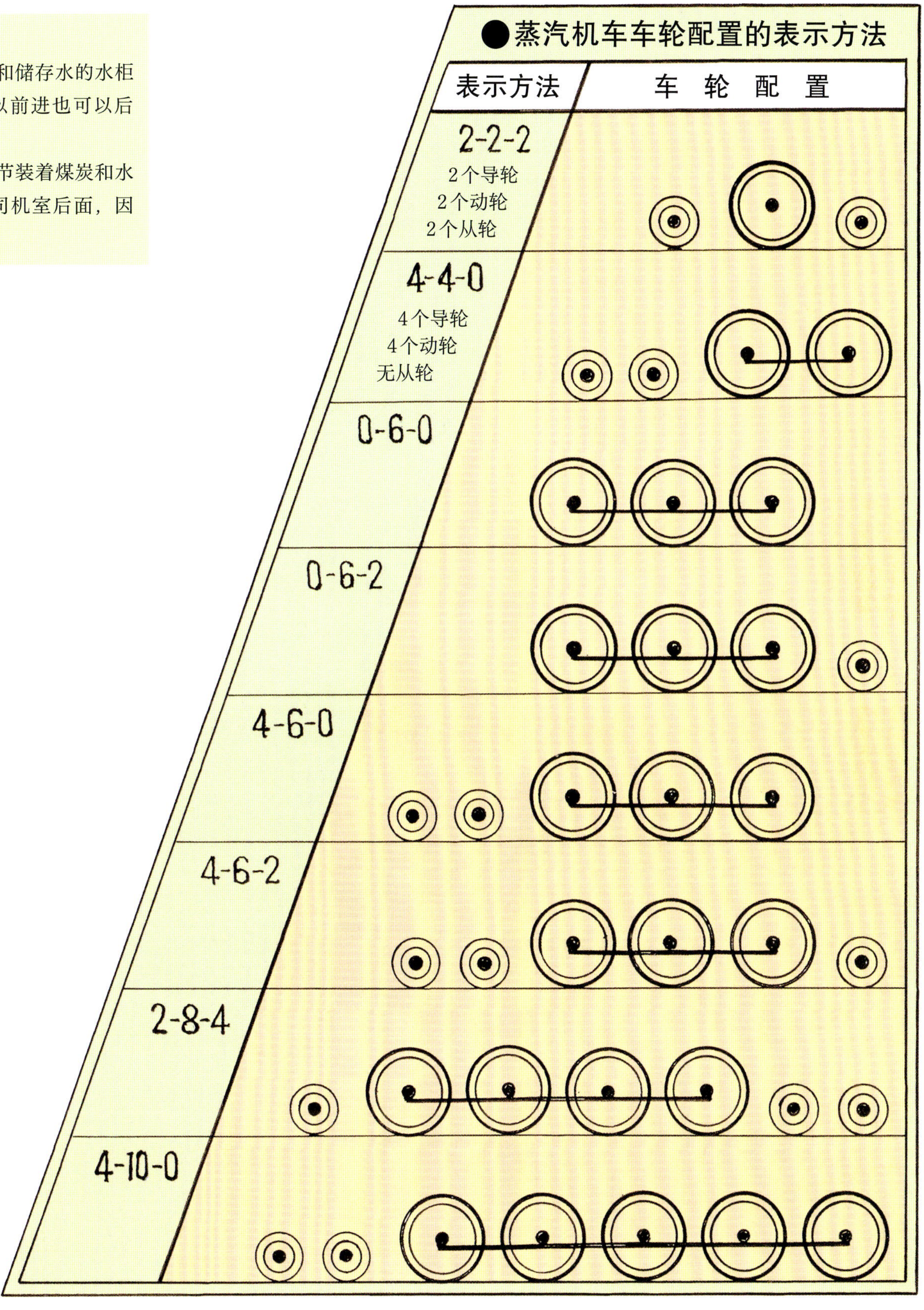

1830 年，英国，利物浦—曼彻斯特铁路的蒸汽机车“行星（*Planet*）号”。2–2–0

由罗伯特 · 斯蒂芬森公司制造，英国传统机车的原型。烟囱下另有一个烟室，防止火星从烟囱里迸出。烟室下面装着卧式汽缸，防止汽缸因直接接触外部空气而冷却。

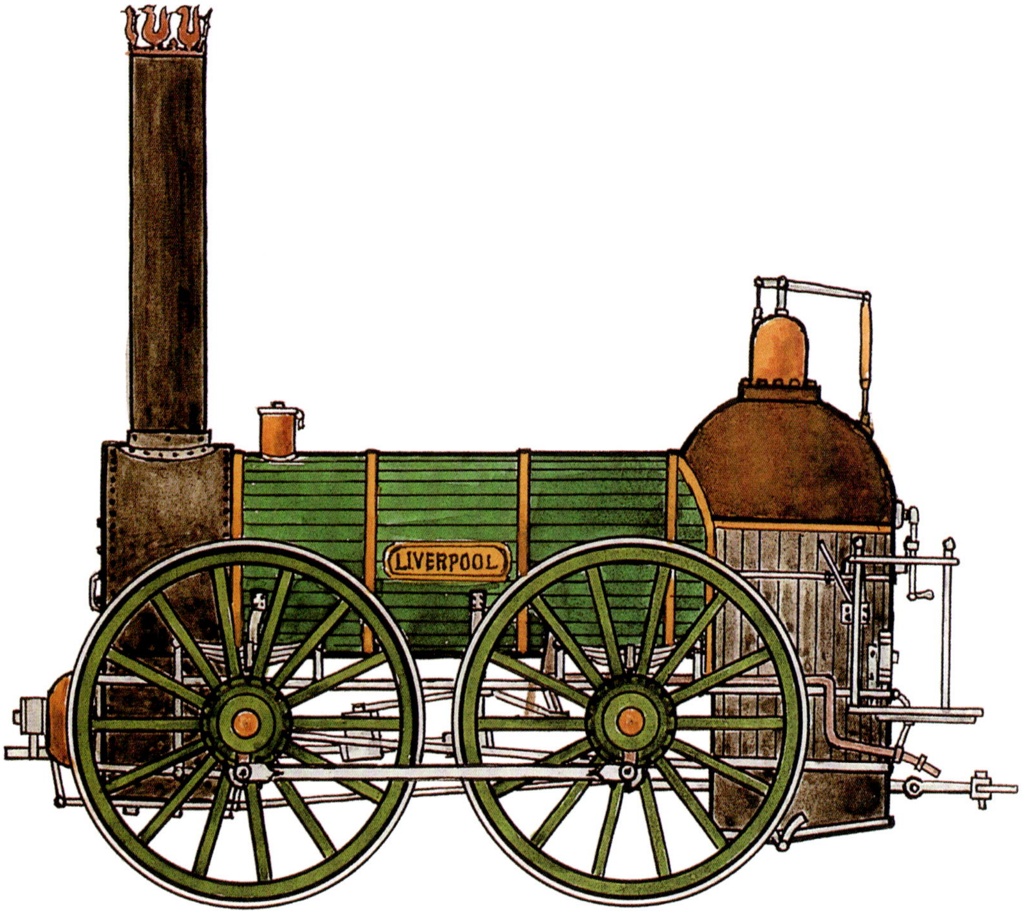

1830 年，英国，利物浦—曼彻斯特铁路的蒸汽机车“利物浦（*Liverpool*）号”。0–4–0

由机车工程师爱德华 · 伯里（Edward Bury）制造。火箱用精致的圆顶覆盖，由烟室下方的卧式汽缸驱动后动轮，再用连杆传递旋转力来驱动前动轮。动轮直径 1,829 mm。

“火箭号”之后，罗伯特·斯蒂芬森公司制造的机车

造出“火箭号”之后，罗伯特·斯蒂芬森公司接连制造了多辆蒸汽机车：1830年制造了“火箭号”的改进型号——“诺森伯兰（*Northumbrian*）号”，同年又制造了创新的“行星号”，1833年制造了“专利人号”。

“专利人号”采用了多管式锅炉，同时将卧式汽缸前置、动轮后置。这样的配置和布局方式成为了后来的蒸汽机车的基本形式。

1833 年，利物浦—曼彻斯特铁路的蒸汽机车“专利人（*Patentee*）号”，由罗伯特·斯蒂芬森公司制造。2–2–2

蒸汽机车确立基本形式之前的改进过程

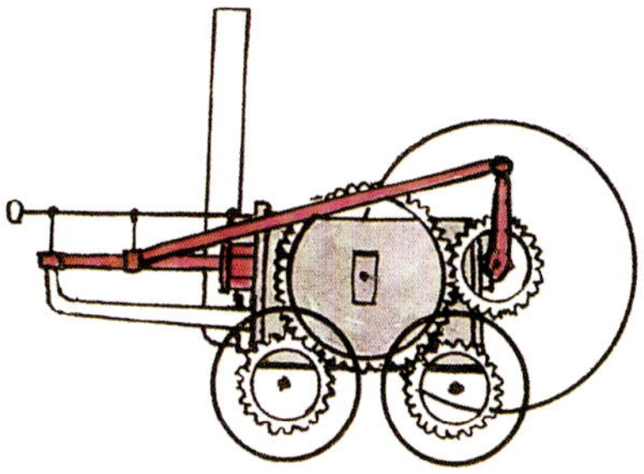

1804年，特里维西克制造的世界上第一辆蒸汽机车

1808年，特里维西克制造的拉客车的蒸汽机车

1812年，布伦金索普制造的齿轮蒸汽机车

乔治·斯蒂芬森（1781—1848）

被称为"铁路和蒸汽机车之父"的工程师乔治·斯蒂芬森在1781年出生于英国的一个小矿村怀勒姆，父亲是蒸汽机房里的司炉。当时，煤矿工人的工资很低，乔治很小就在矿井中以父亲助手的身份开始工作，从司炉开始，不断晋升，17岁时就成为了独当一面的机械师。他18岁时才参加夜校，开始学习读写和算术。21岁结婚，第二年，也就是1803年，儿子罗伯特出生。不久以后，乔治成为煤矿的技术总监，他一边学习蒸汽机车知识，一边在1814年制造了他的第一辆蒸汽机车，在1816年他又制造了多辆用于基林沃思煤矿的机车。之后他又制造了几辆小型机车，并发明了矿井用安全灯。1823年，为庆祝儿子罗伯特20岁就当上机械工程师，他创立了世界上第一家专事蒸汽机车制造和铁路建设的公司——罗伯特·斯蒂芬森公司。

蒸汽机车的基本形式

1833年，罗伯特·斯蒂芬森公司制造的"专利人号"

1830年，罗伯特·斯蒂芬森公司制造的"行星号"

1814年，威廉·赫德利制造的“帕芬·比利号”

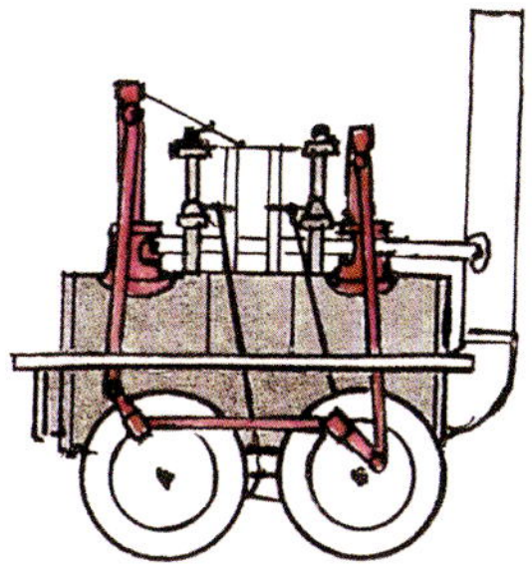
1825年，斯蒂芬森制造的“运动1号”

1827年，哈克沃思制造的“皇家乔治号”

1828年，罗伯特·斯蒂芬森公司制造的“兰开夏女巫号”

1825年9月27日，乔治承建的全长40 km的斯托克顿—达灵顿铁路开通，他亲自驾驶着他的代表作“运动1号”蒸汽机车，并拉着28辆客车和货车驶上了铁路。但实际上，这条铁路上行驶的主要还是有轨马车。1830年，他负责建设的全长56 km的机车专用运营铁路——利物浦—曼彻斯特铁路开通，罗伯特·斯蒂芬森公司制造的“诺森伯兰号”“行星号”以及赢得雨山机车竞赛的“火箭号”，都在这条铁路上行驶。1833年，罗伯特·斯蒂芬森公司制造了“专利人号”，这辆机车可以说是蒸汽机车的标准形式。以利物浦—曼彻斯特铁路的成功为契机，欧美各国也相继铺设了铁路，开始制造蒸汽机车。19世纪三四十年代，世界上大部分的铁路和机车都是由罗伯特·斯蒂芬森公司建造或指导建造的。之后，乔治过着健康安稳的生活，直到1848年在切斯特菲尔德告别人世，享年67岁。

1830年，罗伯特·斯蒂芬森公司制造的“诺森伯兰号”

1829年，在雨山竞赛中输掉的“新奇号”

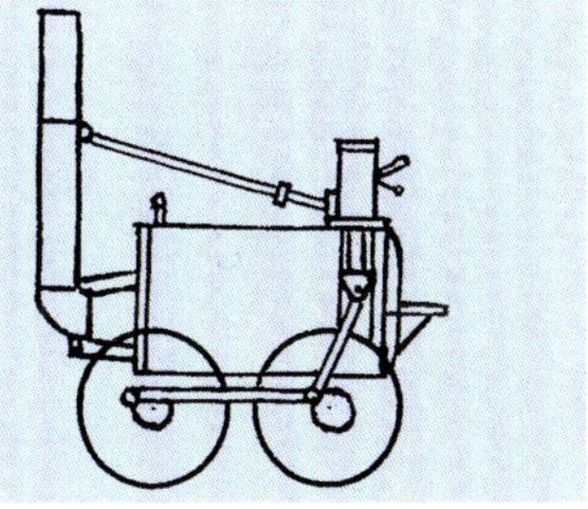
1829年，在雨山竞赛中输掉的“无双号”

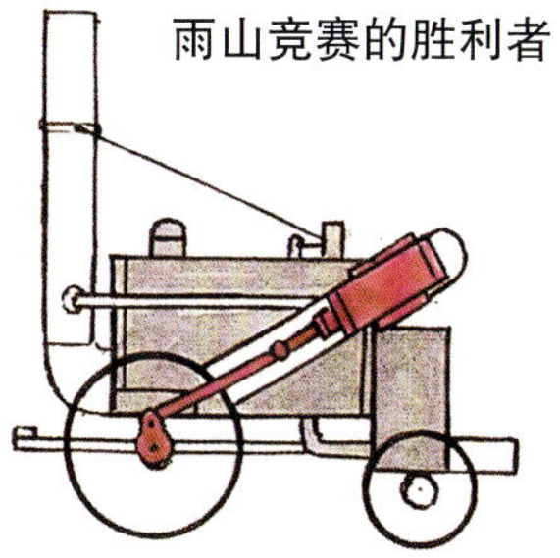

1829年，斯蒂芬森父子制造的“火箭号”

3 黑铁马在世界奔驰

英国的利物浦—曼彻斯特铁路的成功，成为了陆地运输行业中不容忽视的大事件，使得铁路不只在英国，也在其他国家得到推广。“黑铁马”——蒸汽机车从此逐渐成为陆地运输之王。

此时发生的工业革命，促使许多的物品和人员都需要快速运送，因此蒸汽机车引起了人们的兴趣，它开始迅速发展：首先是在英国，接着是在法国和美国。

1828 年，最早在法国行驶的蒸汽机车

由罗伯特·斯蒂芬森公司制造，行驶在圣艾蒂安的矿山铁路上。立式双汽缸。

蒸汽机车驶入欧洲各国

在欧洲大陆，法国最早的蒸汽机车出现在1828年，德国和比利时的出现在1835年，而奥地利和俄罗斯的出现在1838年，荷兰、意大利和捷克斯洛伐克则是在1839年。这些蒸汽机车大部分都是由罗伯特·斯蒂芬森公司或英国的其他公司制造的，但在1829年，法国人马克·塞甘制造了一辆非常独特的蒸汽机车（性能的好坏则是另一回事），据说这辆机车所采用的多管式锅炉就是斯蒂芬森的“火箭号”的多管式锅炉的原型。

1829年，法国生产的第一辆蒸汽机车，由马克·塞甘制造。行驶于圣艾蒂安至里昂段

多管式锅炉的鼻祖，带有43条烟管。为了向火箱里送风，煤水车两侧分别安装了一台扇风机。重19 t，时速4 km。

1832年，法国，在圣艾蒂安至里昂等路段行驶的蒸汽机车

由罗伯特·斯蒂芬森公司制造。

1835年，比利时最早的蒸汽机车“勒贝尔盖（*Le Belge*）号”。

2-2-2

以罗伯特·斯蒂芬森公司制造的“专利人号”为设计基础而制造出来。功率40马力*，动轮直径1,524 mm，时速60 km。

---

* 工程技术上常用的功率单位，1马力≈735.5瓦特。后文中使用的马力均为近似值。——编者注

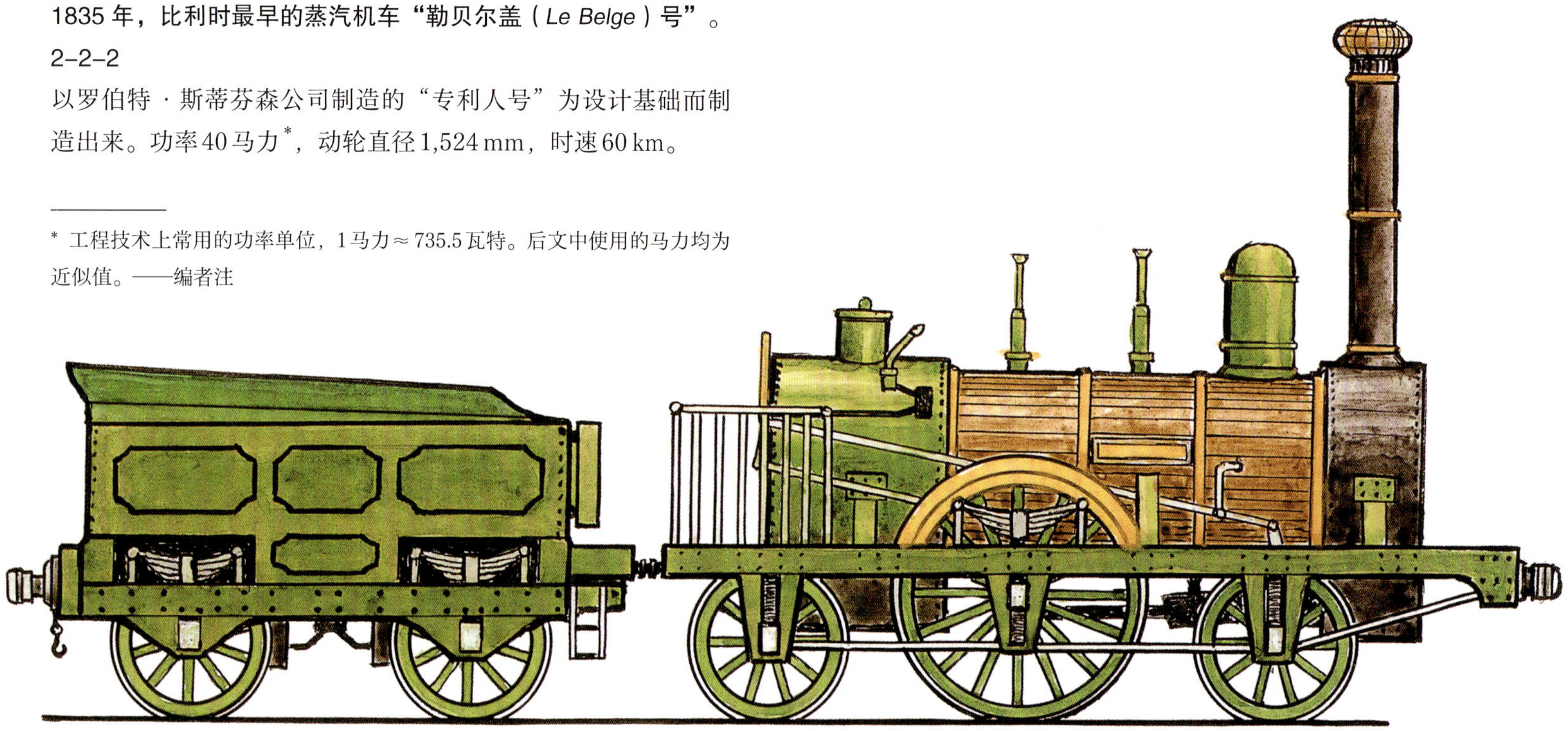

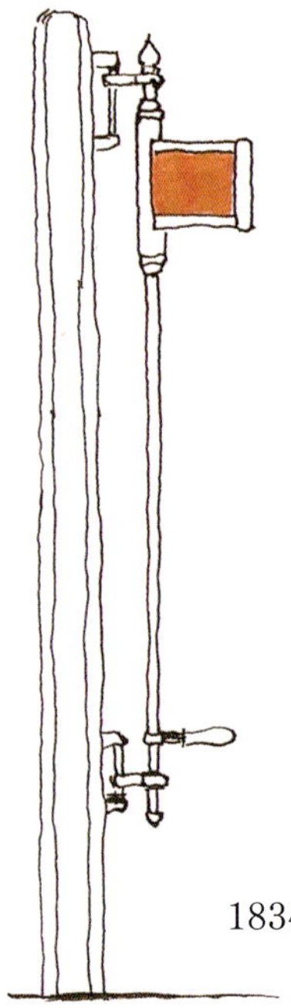

1834年左右，英国，手动信号机

1838 年，法国，北方铁路的“夏普（*Sharp*）型”蒸汽机车，形似高雅美丽的“专利人号”

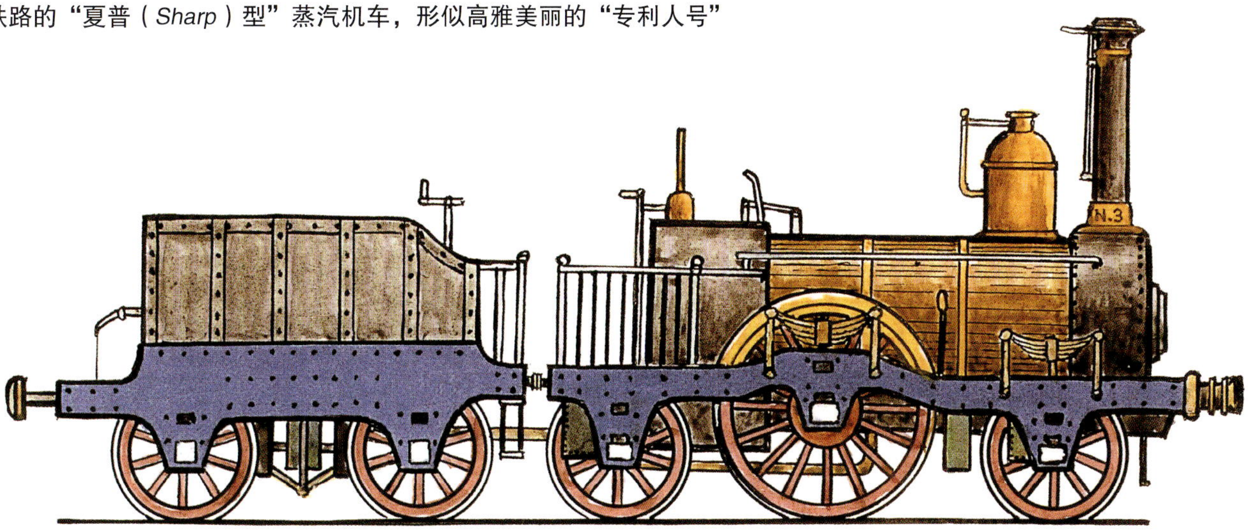

1835 年，最早在德国行驶的蒸汽机车“阿德勒（*Adler*）号”。

2–2–2

由罗伯特 · 斯蒂芬森公司制造，参照了“专利人号”。德国第一条公共铁路（纽伦堡至菲尔特段）是在巴伐利亚皇帝路德维希一世（Ludwig I of Bavaria）的关照下修建的，在这条铁路的开通仪式上，罗伯特 · 斯蒂芬森公司的工程师威廉 · 威尔逊（William Wilson）驾驶着“阿德勒号”驶上了轨道。

1838 年，最早在奥地利行驶的“行星型”蒸汽机车，由罗伯特 · 斯蒂芬森公司制造

俄罗斯最早的铁路

法国的公共铁路巴黎至圣日尔曼段于1837年开通。第二年，在俄国沙皇的关照下，全长24km的圣彼得堡至巴甫洛夫斯克（巴甫洛夫斯克是圣彼得堡郊区的一个景点）铁路也开通了。这条铁路的轨距（→46页）不是已成为世界标准的1,435mm，而是1,829mm。这条铁路上最早行驶的两辆蒸汽机车分别从英国的罗伯特 · 斯蒂芬森公司和蒂莫西 · 哈克沃思公司购入。

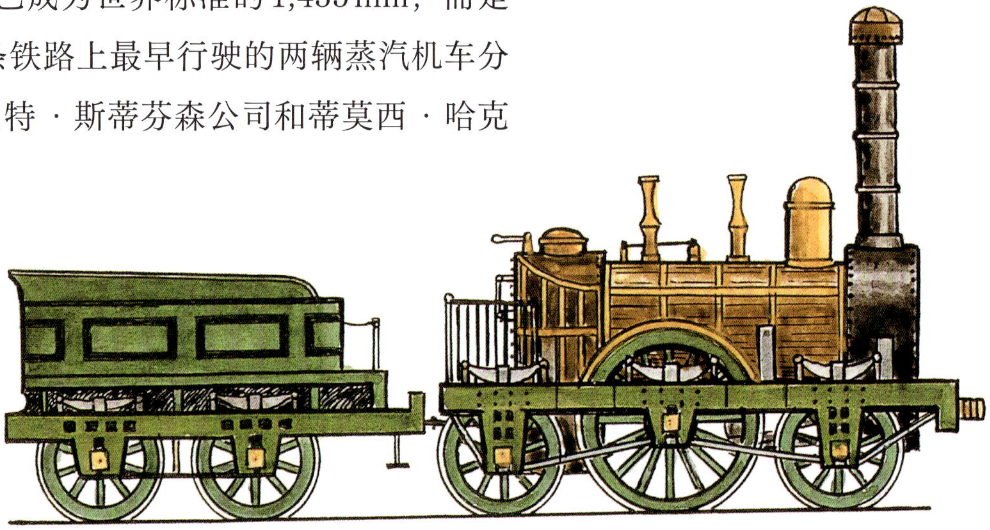

1838 年，俄国，“专利人型”蒸汽机车，由罗伯特 · 斯蒂芬森公司制造

1838 年，英国，用于运输货物的蒸汽机车“狮子（*Lion*）号”，在利物浦—曼彻斯特铁路上服役了 20 年。
“专利人型”机车的改进型号。0–4–2

1839 年，意大利，“专利人型”蒸汽机车“巴亚尔（*Bayard*）号”，英国制造

在意大利首条铁路那不勒斯至波蒂奇段（全长 8 km）行驶。牵引重 47 t 的 7 节客车，时速 50 km，功率 65 马力。

蒸汽机车驶入北美洲

英国出现了铁路和蒸汽机车的消息穿越大西洋，传到了美国。早在1815年，美国陆军上校约翰·史蒂文斯（John Stevens，他很早就造出了能够航行的蒸汽船）就取得了新泽西州铁路的建设许可，同时他也试图制造蒸汽机车，但当地人对铁路不感兴趣，所以这位上校没有找到投资方。后来他在宾夕法尼亚州也取得了铁路建设许可，但同样没有筹集到资金。史蒂文斯想让人们知道，辽阔的美国大陆需要蒸汽机车，于是在1824年，他在自家的院子里修了一条长800 m的环形轨道，用自己制造的蒸汽机车载着6名乘客行驶。不久之后，美国人也认识到了蒸汽机车和铁路的重要性，于是在1829年，特拉华-哈德逊运河公司从英国进口了蒸汽机车“斯托桥·狮子号”，之后又进口了其他几辆英国机车。此外，技术人员也被派遣到铁路发达的英国进行参观学习，并接受罗伯特·斯蒂芬森的指导。所以美国的蒸汽机车基本继承了英国的技术，不过，美国的自然条件与英国不同，因此出现了一些独特的创造，形成了特色鲜明的美国风格（→41页）。

加拿大和古巴分别于1836年和1837年开通了第一条专门运行蒸汽机车的铁路。

1824年，美国生产的第一辆齿轮式水柜蒸汽机车
由约翰·史蒂文斯制造。铁轨中间铺设了一条齿形轨，机车依靠齿轮与齿形轨的相互咬合而前进（与英国人布伦金索普制造的齿轮机车一样）。车轮没有轮缘，有4根圆棍在每个车轮内侧向下延伸，起到轮缘的作用。装配立式锅炉、单汽缸。

1829 年，美国，特拉华－哈德逊运河公司的蒸汽机车“斯托桥·狮子（*Stourbridge Lion*）号”。0–4–0

由英国制造。在宾夕法尼亚州卡本代尔矿区的马车铁路上试运行成功，可是对马车用的轨道来说，它太重了，所以没有实际运营。立式双汽缸，动轮直径 1,244 mm，全长（不含煤水车）3.92 m。

蒸汽机车“大拇指汤姆号”与有轨马车赛跑

1830年，美国巴尔的摩—俄亥俄铁路的巴尔的摩至埃利科特米尔斯段开通，但最开始仍运行有轨马车。这一年8月28日，蒸汽机车“大拇指汤姆号”拉着载有36位乘客的车厢在铁路上奔驰，遇到小弯道和上坡路段都能轻松地行驶，去往埃利科特米尔斯的这趟旅程十分舒适。但在返回巴尔的摩时，“大拇指汤姆号”偶遇了一辆有轨马车，于是一场比赛开始了。

比赛正要开始时，“大拇指汤姆号”的锅炉变得很热，汽缸发出“咻咻”的声音，过了一会儿才真正开动起来。而马车一开始就全力奔跑，当“大拇指汤姆号”安全阀打开，冒着滚滚浓烟开始移动时，马车已跑出30多米远了。“大拇指汤姆号”发出“咻咻”的吼声，加快了速度，很快就追上了马车并超了过去。乘客中响起了胜利的欢呼声。但正当此时，意外发生了：“大拇指汤姆号”的鼓风机的皮带从滑轮上脱落，锅炉里得不到足够的空气，机车就失去了动力，最后停了下来。于是，马车追上了“大拇指汤姆号”，轻松地跑到了前头。最后的结果是马赢了机器，但这场比赛让美国人意识到了机车的广阔前景。

1830年，美国，巴尔的摩—俄亥俄铁路的水柜蒸汽机车“大拇指汤姆（*Tom Thumb*）号”。2–2–0

美国第一辆拉着客车行驶的蒸汽机车，由钢铁厂老板彼得·库珀（Peter Cooper）制造。立式单汽缸，全长4.01 m。这辆机车原本就不是制造来运营的，而是为了说服铁路公司使用蒸汽机车而非有轨马车，最后它成功了。

1831 年，美国，在巴尔的摩—俄亥俄铁路公开招标竞赛中获胜的蒸汽机车“约克（*York*）号”

由钟表厂商菲尼亚斯·戴维斯（Phineas Davis）制造，在“大拇指汤姆号”之后开始服役。立式双汽缸。

1830年，美国最早的商业铁路——南卡罗来纳铁路的蒸汽机车“查尔斯顿良友（*Best Friend of Charleston*）号”。

0–4–0

由霍拉肖·艾伦（Horatio Allen）在纽约西点铸造厂中制造。斜卧式双汽缸，功率6马力，动轮直径1,370 mm，全长4.49 m，重4 t。拉着载有50名乘客的5节车厢时，时速可以达到32 km。

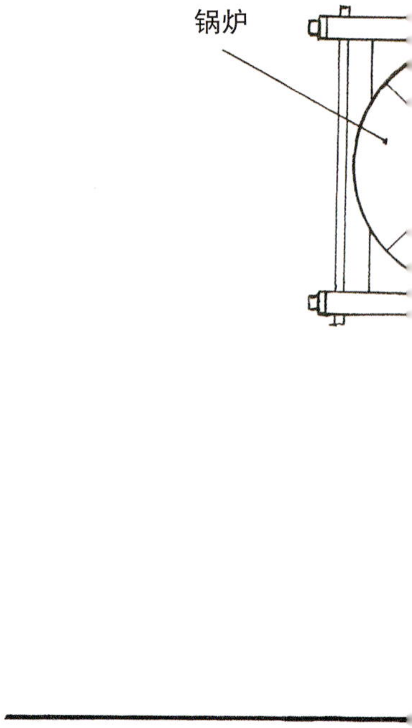

1831 年，美国，莫霍克—哈得逊铁路（后来并入纽约中央铁路）的蒸汽机车“德威特·克林顿（*DeWitt Clinton*）号”。

0–4–0

由约翰·贾维斯（John B. Jervis）在纽约西点铸造厂中制造。锅炉不是早期美式的立式锅炉，而是英式的卧式锅炉。采用斜卧式汽缸。全长5.98 m，重3.1 t，时速24 km。

“查尔斯顿良友号”的俯视图

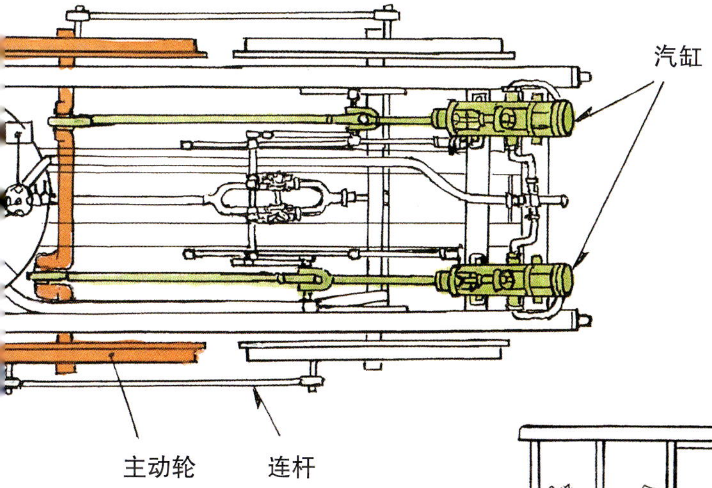

1831 年，英国制造、美国改造的蒸汽机车“约翰·布尔（*John Bull*）号”

“行星号”的改良型机车，由罗伯特·斯蒂芬森公司制造。1830年卡姆登—安博伊铁路（连接纽约与费城）购买了这辆机车，并改造成符合美国铁路的要求。首先是安装了1轴导轮，使转弯变得更容易。然后根据铁路总工程师艾萨克·德里普斯（Isaac Dripps）的建议，在机车前面安装了一个用来铲开轨道内的动物和垃圾的装置——排障器。

卧式双汽缸，动轮直径1,370 mm，全长11.27 m，重20 t。

1832 年，美国，蒸汽机车“乔纳森兄弟（*Brother Jonathan*）号”

由约翰·贾维斯在纽约西点铸造厂中制造。将“约翰·布尔号”的1轴导轮改进为可旋转的2轴导轮，即导轮转向架。这辆机车在莫霍克—哈德逊铁路上进行了试运行，急转弯时的时速也可以轻松达到96.5 km，因此大获成功。这种导轮转向架在以后的100多年中成为了高速客运机车的重要结构。

动轮直径1,520 mm，全长5.01 m，重6.4 t。

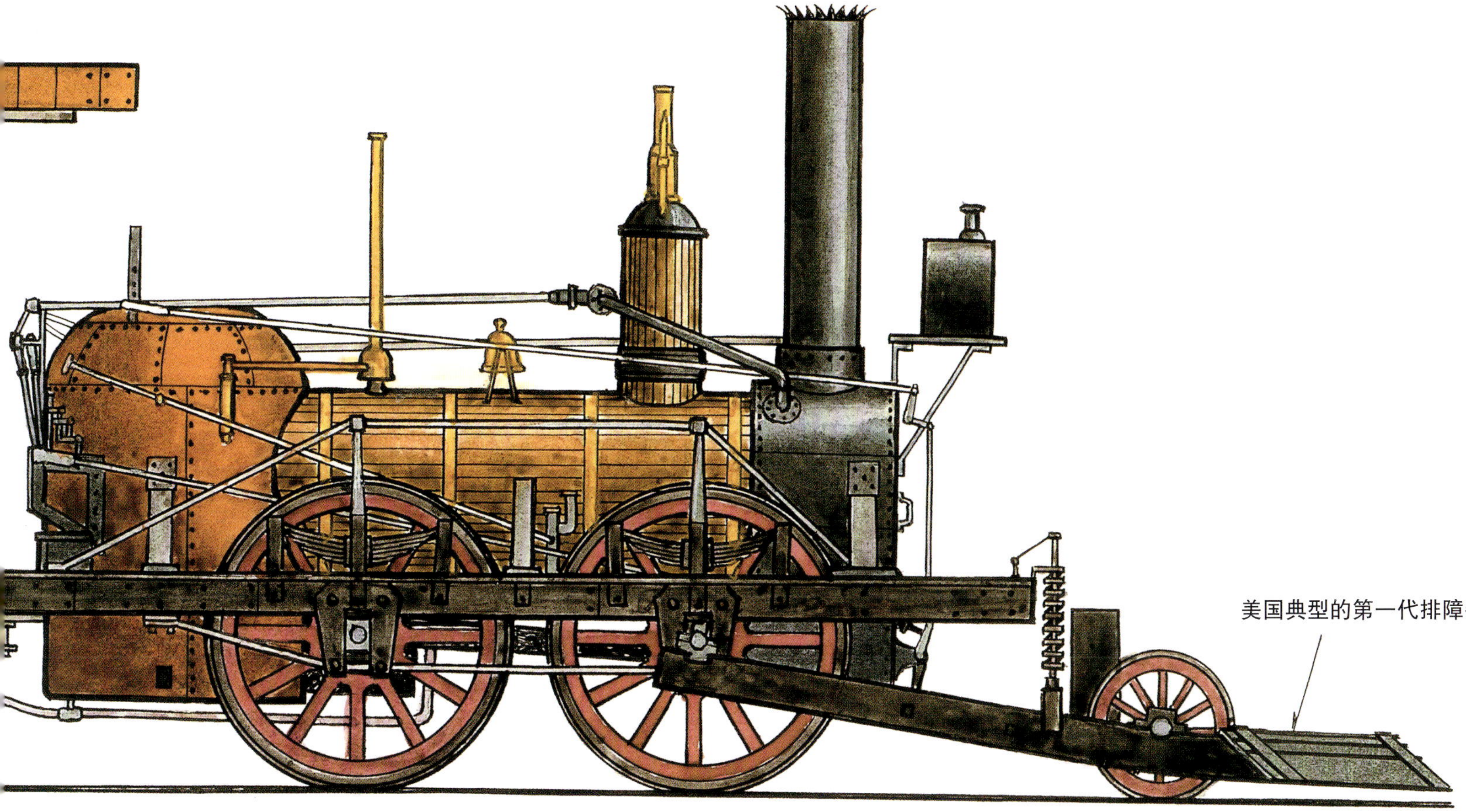

排障器（上图）和导轮转向架（下图）——美国风格蒸汽机车的特色装备。

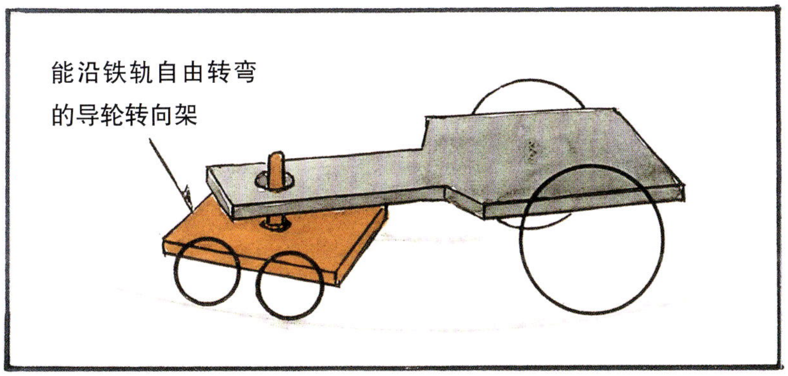

1832 年，美国，世界上最早的关节式（也称活节）蒸汽机车“南卡罗来纳（*South Carolina*）号”

由霍拉肖 · 艾伦在纽约西点铸造厂中制造。2 辆小型机车对接，火箱连在一起，形成一个大的中央火箱，以便增加动力。左右的 2 个四轮转向架上各装有 1 个锅炉，转向架上的单轴动轮由左右的汽缸驱动。

1832 年，美国，巴尔的摩—俄亥俄铁路的蝗虫形水柜蒸汽机车“大西洋（*Atlantic*）号”。0–4–0

由菲尼亚斯 · 戴维斯制造。立式汽缸上面的横梁与长连杆在驱动动轮时会上下摆动，就像蝗虫的腿一样，所以被戏称为“蝗虫”。

1832 年，最早的双层客车，由巴尔的摩—俄亥俄铁路运营

1834 年，美国，卡姆登—安博伊铁路的蒸汽机车“怪物（*Monster*）号”。0–8–0

由该铁路公司的董事长罗伯特 · 史蒂文斯（Robert L. Stevens）和总工程师艾萨克 · 德里普斯制造。汽缸既驱动齿轮又驱动动轮，各动轮之间用连杆复杂地连接在一起。

1837 年，美国出口的第一辆机车：巴尔的摩—俄亥俄铁路的蒸汽机车“拉斐特（*Lafayette*）号”。4-2-0

由威廉 · 诺里斯（William Norris）制造。结合了美国机车的长处和英国机车的多项新技术，它上坡能力强、燃料消耗少。由于性能优秀，这种机车出口到了加拿大和欧洲许多国家，甚至出口到了铁路技术先进的英国。

蒸汽压力 4.2 kgf/cm^2，动轮直径 1,220 mm，全长（含煤水车）9.25 m，重 20 t。

1837 年，美国，亨利・坎贝尔（Henry Roe Campbell）为费城—日尔曼敦—诺里斯敦铁路制造的蒸汽机车。4–4–0

结合了“查尔斯顿良友号”的四轮驱动和“乔纳森兄弟号”的导轮转向架的特点。美国典型的4-4-0客运机车的原型，虽然它最初只是在矿山铁路上行驶。

动轮直径1,330 mm，蒸汽压力6.3 kgf/cm^2，全长5.01 m，重7.25 t。

轨距

铁路轨道上两条铁轨（内侧）之间的距离叫作轨距。“标准轨距”为1,435 mm，宽于此者称为“宽轨”，窄于此者称为“窄轨”。

美国刚刚开始修筑铁路的时候，使用的轨距为1,829 mm、1,524 mm等，不同的铁路公司有不同的规定。在南北战争（1861—1865年）以后，就统一使用标准轨距1,435 mm。

1830年，乔治·斯蒂芬森在修建利物浦—曼彻斯特铁路时开始使用1,435 mm的轨距。而1838年之后在欧洲各国诞生的铁路和机车，大部分都是由斯蒂芬森建造或指导建造的，轨距也都是1,435 mm，而后它就成为了世界标准轨距。但在1833年，27岁的青年工程师伊桑巴德·布鲁内尔（Isambard Kingdom Brunel）在建设英国大西部铁路（Great Western Railway，GWR）时，设计了2,134 mm的宽轨（实际铺设时是2,140 mm），这引起了很大的争论。确实，宽轨在安全性和速度方面上比标准轨距更优秀。大西部铁路自1841年开通后，不断延伸路线，运行高速列车，但最终还是在1892年改为了标准轨距。

英国曾经的殖民地澳大利亚和南非刚开始修建铁路时，采用了不同的轨距，在1870年左右都统一改为1,067 mm的窄轨，那时使用的铁轨和机车都是英国制造的。新西兰和印度尼西亚也采用窄轨铁路。另外，1872年日本修建的首条铁路——新桥至横滨段，使用的铁轨和机车也都是请英国根据1,067 mm的窄轨制造的（➞61页）。到现在为止，这些国家的铁路基本上还采用窄轨。

1837年，英国，大西部铁路的蒸汽机车“北极星（*North Star*）号”。
2–2–2
由罗伯特·斯蒂芬森公司制造。动轮直径2,134 mm，重21 t。拉着重50 t的车辆行驶时，时速能达到72 km。这辆蒸汽机车原本是为美国新奥尔良铁路定制的，后因支付纠纷导致交易取消，就改造为宽轨机车，以适应大西部铁路的轨距。

左图和下图是英国大西部铁路（GWR）上最早运行的两辆蒸汽机车，均为宽轨机车。

法国，以前的信号手

1847年，英国，大西部铁路的蒸汽机车“铁公爵（*Iron Duke*）号”。

4-2-2

由丹尼尔·古奇（Daniel Gooch）在斯温登工厂制造。动轮直径2,438 mm。拉着重100 t的车辆行驶时，时速能达到108 km。它是宽轨蒸汽机车的代表，包括汽缸在内的所有部件都采用大尺寸。

4 19世纪后期：蒸汽机车的成长期

就像孩子在少年时期会长高变壮一样，蒸汽机车动轮逐渐变大，车轮变多，锅炉中的烟管数目也从100条、200条增加到300条，并且开始采用复胀式汽缸（➡62页）。蒸汽机车向着20世纪的大型化发展。

1846年，英国，克兰普顿制造的蒸汽机车。4-2-0

工程师托马斯·拉塞尔·克兰普顿（Thomas Russell Crampton）把单轴驱动（汽缸只驱动1轴动轮）的大动轮放在锅炉的最后面，以确保机车行驶稳定。这种形式在英国没被接受，却在法国大受好评，于是出现了大量的“克兰普顿型”蒸汽机车。

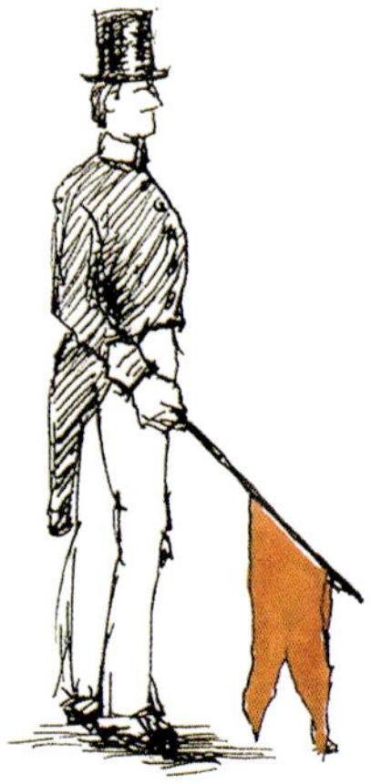

1844年左右，爱尔兰，铁路警卫的手持信号旗

1846 年，英国，伦敦—西北铁路的蒸汽机车“格雷特 A（*Great A*）号”。4–2–0

罗伯特·斯蒂芬森公司制造的最优秀的蒸汽机车之一。动轮直径2,134 mm。1900年引入埃及并得到广泛使用。

1848 年，英国，伦敦—西北铁路的蒸汽机车“利物浦（*Liverpool*）号”。6–2–0

锅炉内的烟管多达300条，时速125 km。

1852 年，法国，“克兰普顿型”蒸汽机车“大陆（*Le Continent*）号”。4–2–0

法国东部铁路的巴黎至斯特拉斯堡段的首辆快速列车用蒸汽机车，一直服役到1914年。动轮直径2,300 mm。

1853 年，德国，普法尔茨铁路的“克兰普顿型”蒸汽机车。4–2–0

1853 年，英国，布里斯托尔—埃克塞特铁路的快速列车用大动轮水柜蒸汽机车。4–2–4

轨距 2,140 mm，动轮直径 2,743 mm，时速 113 km，重 50.8 t。

在英国，尽管机车工程师古奇和克兰普顿才华出众，但是单轴驱动型机车还是没能得到进一步发展。此外，1892 年宽轨铁路被弃用，196 辆宽轨机车中有 127 辆被改为使用标准轨距的机车。

4-4-0 美国式机车和别致的烟囱

在美国，因为木材比煤炭更易获取，所以早期的机车是靠燃烧木柴来驱动的。但木柴火星容易飞散，屡次引发森林火灾。为了避免这种情况，美国工程师就在烟囱上下工夫，结果造出了许多别致的烟囱。在19世纪60年代，这些烟囱成为了经典美式机车中的一大特色。但在19世纪80年代，燃料从木柴改为煤炭后，这个特色就消失了。

1855—1860年，美国，经典美式蒸汽机车。4-4-0
由托马斯·罗杰斯（Thomas Rogers）制造。汽缸381×610 mm，蒸汽压力6.35 kgf/cm^2，动轮直径1,524 mm，全长15.93 m，重41 t。（数据来源于1855年的标准型机车）

1884 年，中央太平洋铁路的机车

1849 年，卡姆登—安博伊铁路的机车

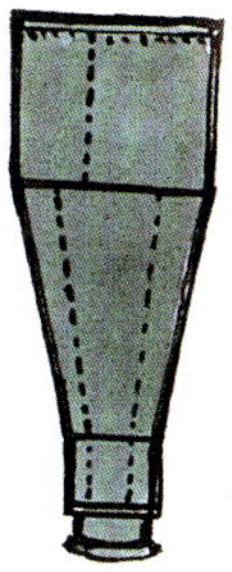

1847 年，费城—雷丁铁路的机车的烟囱

钻石形烟囱

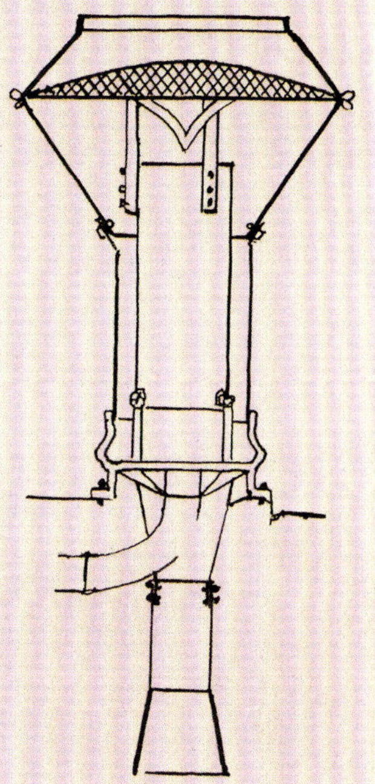

这种结构的烟囱能防止以木柴为燃料的机车飞出火星。

1855 年，西部—大西洋铁路的机车

1848 年，密尔沃基—沃喀莎铁路的机车

以上是美式机车 60 多种特色烟囱中的一部分。

1863 年：世界上最早的地铁出现在伦敦地下

这条地铁从伦敦东面的主教路车站起，途径帕丁顿车站（连接宽轨距的大西部铁路）、尤斯顿车站（连接标准轨距的伦敦—西北铁路）、国王十字车站（连接标准轨距的大北方铁路），到西面的法林顿车站止，全长约 6 km，取名为“大都会铁路”。它是拥有 3 条铁轨的双轨距铁路：在宽度为标准轨距 1,435 mm 的两条铁轨的另外一侧，还铺设了一条铁轨，以形成 2,141 mm 的宽轨距。在 1905 年电气化之前，这条地铁上一直都使用蒸汽机车拉着客车行驶，真是让人难以置信！

1864 年，英国，大都会铁路的水柜蒸汽机车。4–4–0

由地铁总工程师约翰 · 福勒爵士（Sir John Fowler）设计，拜尔 · 皮科克公司制造。锅炉内有164条烟管，蒸汽压力9.4 kgf/cm^2，重42 t。

蒸汽机车在地下隧道中运行时绝对不能排放烟雾，所以在车体旁装配着盛有冷水的侧水箱，烟不直接向外排出，而是排入侧水箱中。尽管如此，地铁内的空气还是非常脏。到1886年为止，这种蒸汽机车一共制造了120辆。

1864 年左右，伦敦地铁帕丁顿车站附近

1862 年，葡萄牙，东南铁路的蒸汽机车“D. 路易斯（*D. Luiz*）号”。2–2–2

“珍妮 · 林德（*Jenny Lind*）型”单轴驱动机车，由英国的拜尔 · 皮科克公司制造。服役了70年以上。

1863 年，美国，费城—雷丁铁路的运煤用水柜蒸汽机车“宾夕法尼亚（*Pennsylvania*）号”。0–12–0

由詹姆斯 · 米尔霍兰德（James Millholland）设计。动轮直径1,090 mm，重50 t。

1866 年，美国，利哈伊谷铁路的重型蒸汽机车“联合（*Consolidation*）号”。世界上首辆 2-8-0 式机车

由亚历山大·米切尔（Alexander Mitchell）设计。508×610 mm的双汽缸，蒸汽压力8.5 kgf/cm^2，动轮直径1,219 mm，全长15.6 m，重45.5 t。

1864 年，比利时国有铁路（BNR）的 28 型蒸汽机车。0–6–0

由比利时国有铁路的工程师阿尔弗雷德·贝尔珀（Alfred Belper）设计。动轮直径 1,450 mm，重 33 t。到 1885 年为止共生产了 262 辆。

1869 年，芬兰国有铁路的蒸汽机车 11 号。4–4–0

由英国多布斯公司制造。轨距 1,527 mm，动轮直径 1,700 mm。由于芬兰拥有丰富的木材资源，机车燃料为木柴，因此采用了这种美式烟囱。

1867 年，东印度铁路的蒸汽机车。0–6–0

由英国尼尔森公司制造。蒸汽压力 8.4 kgf/cm^2，动轮直径 1,524 mm，重 34 t。到 1930 年为止，印度进口了至少 1,000 辆这种型号的机车。

1870 年，英国，大北方铁路的快速列车用 8 英尺单轴驱动蒸汽机车。4–2–2

单轴驱动型机车的代表作，由帕特里克 · 斯特林（Patrick Stirling）设计，唐卡斯特工厂制造。动轮直径 2,438 mm（8 英尺），时速 87 km。

蒸汽机车“呜呜”地喷着烟，在品川附近行驶

日本第一条铁路开通

1872 年 10 月 14 日，受年轻的英国工程师埃德蒙 · 莫雷尔（Edmund Morel，他在 1871 年就在日本去世了）指导而建设的日本第一条铁路——全长 28.8 km 的新桥—横滨（现樱木町）段正式开通。虽然这条铁路使用的蒸汽机车、客车以及轨道（轨距 1,067 mm）都是英国制造的，司机也是英国人，但它却是日本的国有铁路。*

* 10 月 14 日成为了日本的铁路纪念日。——编者注

1871 年，日本，150 型水柜蒸汽机车。2–4–0

由英国巴尔干铸造公司制造。动轮直径 1,295 mm，重 19 t，后来的改进型号重 25 t。

1871 年，日本，160 型水柜蒸汽机车。2–4–0

由英国夏普 · 斯图尔特公司制造。动轮直径 1,346 mm，重 21.7 t。

1871 年，日本，110 型水柜蒸汽机车。2–4–0

由英国约克夏引擎公司制造。动轮直径 1,245 mm，重 23.01 t。

铁路开通时，一共进口了上述 3 种水柜蒸汽机车 10 辆、客车 58 节。

1874 年，南非，佛得角政府铁路的水柜蒸汽机车。2–6–2
由罗伯特 · 斯蒂芬森公司制造。轨距 1,067 mm，动轮直径 970 mm，重 29 t。

● 复胀式蒸汽发动机
这种发动机采用 2 段膨胀做功方式，即蒸汽压力会分 2 次使用。锅炉中的蒸汽首先进入高压汽缸中膨胀做功，消耗掉约一半的能量，再进入低压汽缸中膨胀做功，这样能更充分地使用能量。这种方式就称为“复胀式”。

1876 年，法国，巴约讷—比亚里茨铁路的复胀式水柜蒸汽机车。0–4–2
由瑞士工程师阿纳托尔 · 马利特（Anatole Mallet）制造，世界首辆实用化的复胀式机车。高压汽缸 240 × 450 mm，低压汽缸 400 × 450 mm，蒸汽压力 12 kgf/cm^2，动轮直径 1,200 mm，时速 40 km。

世界上最早的电力机车

1879 年，德国，维尔纳 · 冯 · 西门子（Werner Von Siemens）制造的小型电力机车，在柏林贸易博览会上拉着客车行驶

轨距 490 mm，受流电压为直流 150 V，装配 1 台功率约 3 马力的电动机，全长 1.57 m，时速 13 km。

1881 年左右，美国发明家爱迪生（Thomas Alva Edison）制造了一辆小型电力机车，在公园里一条 500 m 长的轨道上行驶

1884 年，英国，沃尔克电气化铁路的西门子有轨电车

设有3条铁轨（中间一条用于传输电流），轨距825 mm。受流电压为直流460 V，装配2台功率为6 kW（8马力）的电动机，全长9.14 m，重6.5 t，时速16 km。

1885 年，美国，宾夕法尼亚铁路的“联合型”蒸汽机车。2–8–0

1880年，日本，北海道最早的幌内线铁路的7100型蒸汽机车“义经号”。2-6-0

由美国波特公司制造，幌内线铁路从该公司进口了共计8辆机车，分别命名为“弁庆号”“静号”等。轨距1,067 mm，动轮直径914 mm，重16.4 t（不含煤水车）。装配空气制动系统。

1882 年，美国，利哈伊谷铁路的蒸汽机车“冠军（*Champion*）号”。4–8–0
动力强劲，在阿巴拉契亚山脉中牵引运煤货车。

1882 年，丹麦，赛兰兹铁路的“福尼（*Forney*）型”水柜蒸汽机车。0–4–4
由奥托·布塞（Otto Busse）设计。动轮直径1,090 mm，重23.3 t，时速45 km。

19 世纪 80 年代，英国，加里东铁路支线的客运列车用水柜蒸汽机车。0–4–4

1882 年，英国，伦敦—布莱顿—南海岸铁路的快速列车用蒸汽机车“格拉德斯通（*Gladstone*）号”
由威廉 · 斯特劳德利（William Stroudley）设计。

1884 年，英国，伦敦—西南铁路的蒸汽机车 471 号。4–4–0
由威廉 · 亚当斯（William Adams）设计。

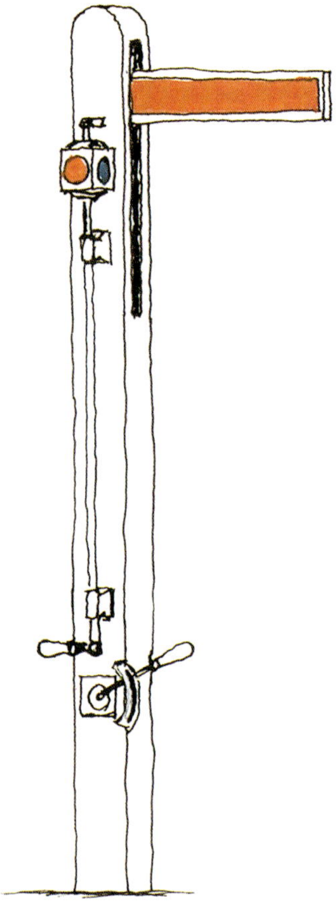

1869年左右，英国的横木信号机

1884—1896年，意大利北方铁路的蒸汽机车“维托里奥·埃马努埃莱二世（*Vittorio Emanuele II*）号”。4–6–0

古典的意大利式机车，欧洲最早的4-6-0式机车。蒸汽压力10 kgf/cm^2，最高时速80 km。

1887年，英国，米德兰铁路的蒸汽机车“威尔士王妃（*Princess of Wales*）号”。4–2–2

由塞缪尔·约翰逊（Samuel W. Johnson）设计。动轮直径2,230 mm，时速100 km。英国最后的旧式单轴驱动机车。

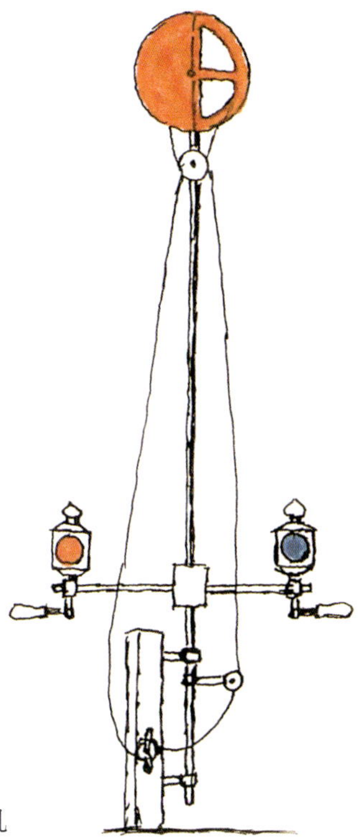

1870年左右，英国的手动信号机

19 世纪 80 年代：复胀式蒸汽机车大发展

1850年，英国东部郡县铁路的司机约翰 · 尼科尔森（John Nicholson）提出了制造复胀式蒸汽机车的想法。1876年，瑞士工程师马利特在法国首次成功将其实用化（➡62页）。1882年，英国的复胀式蒸汽机车先驱弗朗西斯 · 韦伯（Francis Webb）制造了3汽缸复胀式蒸汽机车的原型，之后直到1893年为止，他制造了多辆3汽缸复胀式蒸汽机车，这些机车一直在伦敦—西北铁路上运行。但是3汽缸并没有成为复胀式蒸汽机车的标准，英国、美国，特别是德国和法国，制造了很多双汽缸和4汽缸的复胀式蒸汽机车。复胀式蒸汽机车的故乡法国，一直坚持制造复胀式蒸汽机车到最后。

1885 年，法国，北方铁路的“大西洋（*Atlantic*）型”4 汽缸复胀式蒸汽机车。4–4–0

由阿尔弗雷德 · 德 · 格伦（Alfred de Glehn）设计。2个330×610 mm的高压汽缸位于机车外侧，2个460×610 mm的低压汽缸位于机车内侧。蒸汽压力11 kgf/cm^2，动轮直径2,110 mm，时速95 km。

1888 年，法国，巴黎—里昂—地中海铁路（PLM）的 4 汽缸复胀式蒸汽机车 3202 号。0–8–0

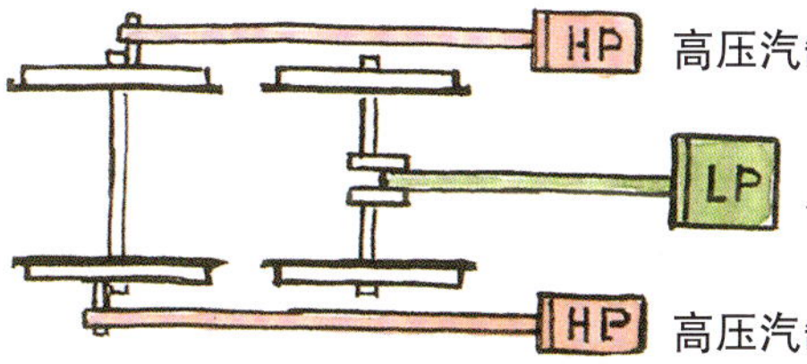

3 汽缸复胀式机车简图

1890 年，英国，伦敦—西北铁路的 3 汽缸复胀式蒸汽机车。2–4–0

由弗朗西斯 · 韦伯设计，该铁路公司旗下的克鲁机车厂制造。车身外侧的高压汽缸直径 356 mm，中间的低压汽缸直径 762 mm。时速 100 km，用于牵引快速列车。

1889 年，美国，芝加哥—密尔沃基—圣保罗铁路的“太平洋（*Pacific*）型”双汽缸复胀式蒸汽机车。4–6–2

右侧的高压汽缸553×660 mm，左侧的低压汽缸787×660 mm。蒸汽压力 14 kgf/cm^2，动轮直径1,980 mm，重66 t。

日本19世纪末的机车概况

19世纪七八十年代，在日本行驶的蒸汽机车全都是从英国、美国、德国等国家进口的。后来，日本的工厂虽然也可以制造蒸汽机车了，但都是仿制进口车。

19世纪90年代，世界各国的蒸汽机车速度提高、车身大型化，向着黄金时代迈进。日本的蒸汽机车也加入了这个行列。1889年，东海道线的新桥至神户段全线通车；1891年，日本铁路（当时日本最大的私营铁路公司）的上野至青森段也全线通车了。

1890年，日本国有铁路的B6系水柜蒸汽机车。0–6–2

1888年，由在日本铁路厅担任机车总监的英国人理查德·弗朗西斯·特里维西克（蒸汽机车发明者特里维西克之孙）设计，英国达布斯公司制造。1890年和1891年分别进口了6辆，也就是日本国有铁路的2100型机车。之后又进口和制造（由神户工厂制造）了至少530辆B6系机车，投入到日俄战争中以及伪“满洲国”地区。

轨距1,067 mm，动轮直径1,245 mm，重46.4 t。

2120型（B6系）。1898—1905年从英国达布斯公司、夏普·斯图尔特公司、北英机车公司进口了258辆。

2400型（B6系）。1904和1905年从德国施瓦茨科普夫公司、哈诺玛格公司、亨舍尔公司进口了75辆。

2500型(B6系)。1905年从美国鲍德温机车厂进口了166辆。

日本有轨电车的开端

1890 年，日本最早行驶的有轨电车

由美国制造，东京电气株式会社的总工程师藤岗市助博士从美国返回日本时购买的。在第3届日本全国劝业博览会上，这辆有轨电车在东京上野公园的樱丘与宽永寺两大师堂之间行驶了约500 m。

轨距1,372 mm，受流电压500 V，功率约15马力，全长7.3 m。定员22人。

1895 年，日本最早运营的有轨电车，运行在京都电气化铁路上

转向架是美国制造的，车身是日本的平冈工厂制造的。在京都的七条停车场至下油挂段的伏见线（后并入京都市电）上运营。

轨距1,067 mm，功率约25马力，最高时速9.6 km。在转弯处有专人挥旗示意行人，让电车先行。

1897 年，日本国有铁路的 6200 型机车，是东海道线的主力蒸汽机车。4-4-0

由英国尼尔森公司制造。明治末期最具代表性的客运机车，5500 型机车的改进型号。

轨距 1,067 mm，汽缸 406 × 610 mm，蒸汽压力 11.2 kgf/cm²，动轮直径 1,514 mm，重 31 t。共进口了 78 辆，其中一部分由多布斯等公司制造。

860 型机车的正面

1893 年，日本国有铁路的 860 型机车，是日本最早的准国产机车，也是日本第一辆复胀式水柜蒸汽机车。2–4–2

由英国人理查德 · 弗朗西斯 · 特里维西克设计，神户工厂制造。在特里维西克的指导下，工程师森彦三、太田由松等人亲自参与制造（这个时候，筑豊铁路进口了美国的4汽缸复胀式蒸汽机车）。

轨距1,067 mm，复胀式双汽缸，高压汽缸381×508 mm，低压汽缸572×508 mm，蒸汽压力10.2 kgf/cm^2，动轮直径1,346 mm，重40.7 t。

5 蒸汽机车驶向辉煌

为了能够一次运送更多的货物，货车加长了；为了能够让乘客更早到达目的地，速度加快了，因此蒸汽机车被造得更大了。同时，在技术方面，除了复胀式蒸汽发动机外，过热装置（→78页）等也得到改良。

后来成为蒸汽机车竞争对手的电力机车和内燃机车，在此时还不够先进。汽车也好，飞机也罢，都还威胁不到蒸汽机车的地位。蒸汽机车就这样不停奔跑着，驶向辉煌，正如那一声大喊——“让开！让开！黑铁马要过去！”

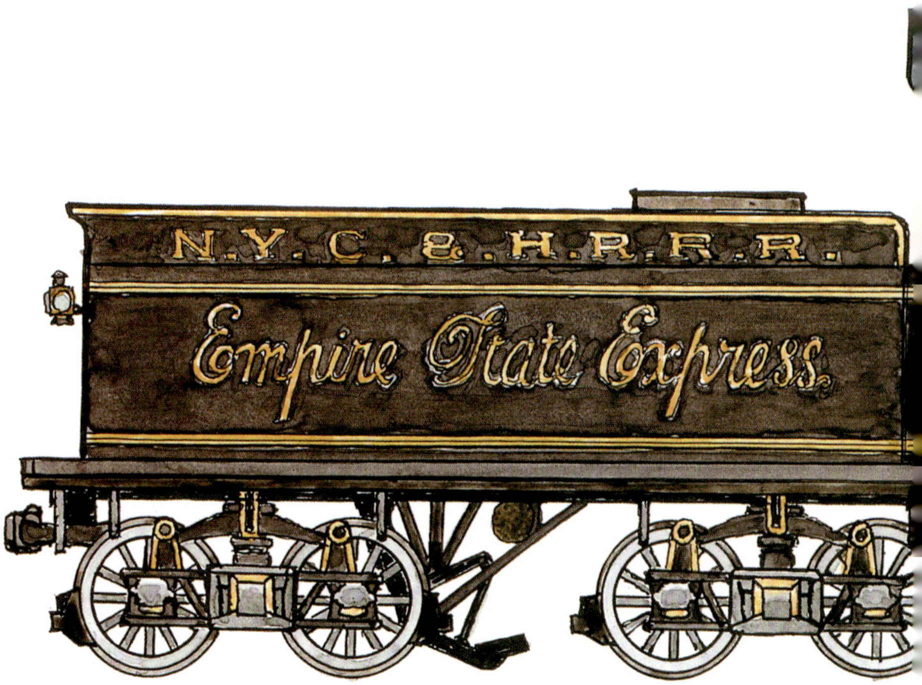

1893年，美国，纽约中央—哈德逊河铁路的蒸汽机车999号。4–4–0

由威廉·布坎南（William Buchanan）设计，西奥尔巴尼工厂制造。它是纽约至芝加哥段的4节编组豪华列车——“帝国快车（*Empire State Express*）”的机车。最高时速达到180 km，创下了当时的世界纪录。它还成为了美国双色印刷的2美分邮票上的图案。动轮直径2,184 mm（后改为2,006 mm），全长21.2 m，重92.5 t，时速98 km。

动轮改小后的 999 号机车

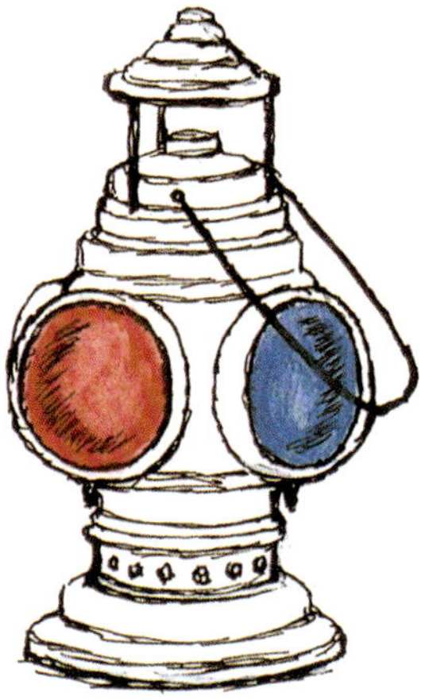

1850年左右，美国，
手提信号灯

1895 年，美国第一条电气化干线铁路巴尔的摩—俄亥俄铁路的电力机车 1—3 号。

B_o+B_o

采用了双臂式受电弓。受流电压为直流675 V，装配4台功率为270 kW（360马力）的电动机，全长8.27 m，重87 t，最高时速96.5 km。

世界上最早的电气化铁路是1880年英国的都市—南伦敦铁路。

● 蒸汽机车的过热装置

一种能对锅炉内的蒸汽进行再加热的装置，可增大汽缸内的蒸汽压力，由德国的威廉 · 施密特（Wilhelm Schmidt）博士发明。1897年起，普鲁士国家铁路的P4型蒸汽机车开始安装过热装置。

1897 年，德国，最先装配过热装置的 P4 型蒸汽机车

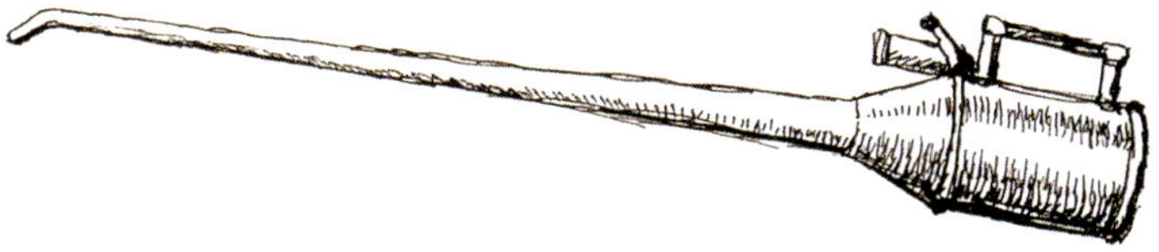

20 世纪初，美国，加油壶

1880 年，伦敦地铁里最早的电力机车

1896 年，英国，加里东铁路的客运蒸汽机车“敦纳斯泰尔（*Dunalastair*）号”。4–4–0

由约翰 · 麦金托什（John F. mcIntosh）设计。动轮直径 1,980 mm。1910 年安装了过热装置。比利时国有铁路制造了多种该风格的蒸汽机车。

1897 年，日本，9700 型蒸汽机车“天皇号”。2–8–2
日本铁路公司（当时是私营的）向美国订购的大型机车，也是美国制造的最早的2-8-2式机车。
由鲍德温机车厂制造。因为是按照日方订制要求生产的，所以这种类型的机车被称为“天皇型”。
轨距1,067 mm，动轮直径1,118 mm，全长17.12 m。

1901 年，新西兰国有铁路（NZGR）的 Q 型蒸汽机车。4–6–2
由鲍德温机车厂制造。机车生产后从美国经太平洋运至新西兰，所以这种4-6-2式机车通称为“太平洋型”。在此后50年内它都是高速列车的常用机车。
406×559 mm的双汽缸，轨距1,067 mm，蒸汽压力 14 kgf/cm^2，动轮直径1,245 mm，全长16.87 m。

1898 年，英国，大北方铁路的快速列车用蒸汽机车 990 号。
4–4–2
483×476 mm和483×610 mm的双汽缸，动轮直径2,032 mm。

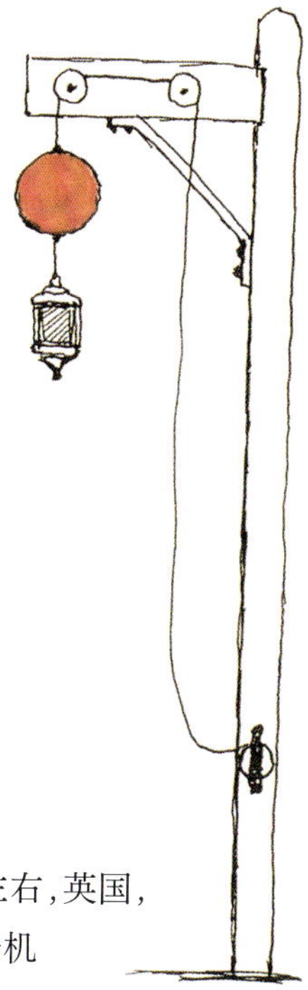

1840年左右，英国，
手动信号机

强敌现身：电力火车正式登场

1879年，德国人西门子制造了世界上最早的电力机车（→63页），24年后，蒸汽机车无法越过的时速200 km的瓶颈，被电力火车越过了。1901年，在柏林郊外的德国军用铁路上，西门子和AEG两家公司开始了电力动车的实验，并逐步改进。1903年，西门子公司的带有6轮转向架的三相交流电力动车达到了206.7 km的最高时速，AEG公司的则达到了210 km的最高时速。惊人的速度催生了在柏林至汉堡段实现电气化的计划，可是因为费用太高，这个计划最终流产了。

此后，蒸汽机车不断受到电力机车的挑战，但它的黄金时代还是艰难地维持着。

1903年，德国，西门子公司的实验用电力动车

采用三相交流电，最高时速206.7 km。其他数据与AEG公司的大体相同。

1903 年，德国，AEG 公司的实验用电力动车

在轨道的一侧架有3条电线，车顶上共架有6个受电弓来传输电流。

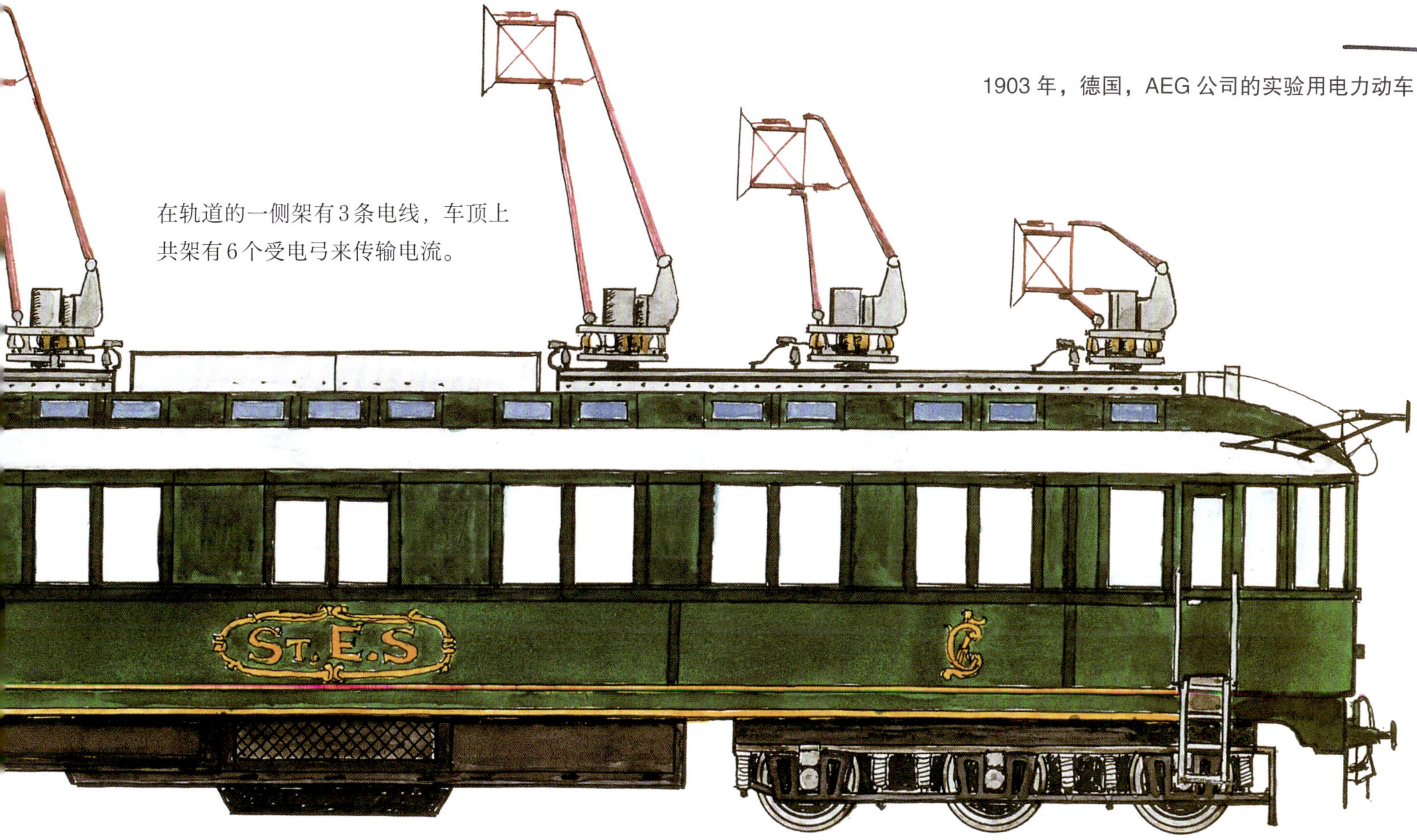

受流电压为三相交流10,000—14,000 V，装配6台功率为560 kW（750马力）的电动机，全长22.1 m，重60 t，最高时速210 km。

1904 年，美国，纽约中央—哈德逊河铁路的 S 型客运电力机车。1–D_o–1

受流电压为直流650 V，装配6台功率为410 kW的电动机，全长11.28 m，重64.4 t，最高时速113 km。

1903 年，英国，大西部铁路的蒸汽机车“特鲁罗城（*City of Truro*）号”。4-4-0

威廉 · 迪安（William Dean）的设计杰作。由大西部铁路公司（此时已改用标准轨）的斯温登工厂制造。1904 年 5 月 9 日，这辆机车跑出了它的最高时速纪录 164.64 km。平均时速 113 km，457 × 660 mm 的双汽缸，动轮直径 2,040 mm。

1904 年，普鲁士（德国）国有铁路的 S9 型蒸汽机车。4-4-4

奇特的流线型机车，最高时速 150 km。

1906 年，普鲁士（德国）国有铁路的 P8 型蒸汽机车。4-6-0
德国最早的过热式蒸汽机车。动轮直径 1,750 mm，时速 75 km。

1904 年，美国，巴尔的摩—俄亥俄铁路的马利特式蒸汽机车。

0–6–6–0

复胀式4汽缸，高压汽缸508×813 mm，低压汽缸813×813 mm，蒸汽压力16.5 kgf/cm^2。速度不快但动力强劲的机车，在阿勒格尼山脉中行驶。

1906 年，德国，巴伐利亚* 国有铁路的蒸汽机车 3201 号。

4–4–4

复胀式4汽缸，时速120 km。

---

* 此时巴伐利亚已并入德国，但仍保留了王国称号。——编者注

1907 年，意大利国有铁路的 470 型蒸汽机车。0–10–0
复胀式4汽缸。

1908 年，德国，巴伐利亚国有铁路的 S3/6 系“太平洋型”蒸汽机车。4–6–2
复胀式4汽缸，高压汽缸425×610 mm，低压汽缸650×610 mm。蒸汽压力16 kgf/cm^2，动轮直径1,870 mm，时速120 km。

1909 年，澳大利亚，塔斯马尼亚铁路，世界上最早的戛拉式蒸汽机车。0–4–4–0

由赫伯特 · 戛拉（Herbert William Garratt）设计，英国制造。行驶于轨距 610 mm 的轻便窄轨上，高压汽缸 279×406 mm，低压汽缸 432×406 mm，动轮直径 800 mm，重 34 t。

1914 年，德国，普鲁士国有铁路的 S10 型蒸汽机车。4–6–0

1911 年，法国，巴黎—奥尔良（PO）铁路的过热式水柜蒸汽机车 5301—5490 号。2–8–2

设计与1900年意大利的640型机车很相似。汽缸600×650 mm，蒸汽压力12 kgf/cm²，动轮直径1,400 mm。

1910 年，比利时国有铁路的布鲁塞尔至列日段和布鲁塞尔至卢森堡段的特快列车用 10 型蒸汽机车。4–6–2

时速100 km。

1913 年，德国，巴伐利亚国有铁路的马利特式过热式水柜蒸汽机车。0–8–8–0

高压汽缸 520×640 mm，低压汽缸 800×640 mm，蒸汽压力 15 kgf/cm^2，动轮直径 1,216 mm，时速 50 km。

1914 年，美国，宾夕法尼亚铁路的 K4 系“太平洋型”过热式蒸汽机车。4–6–2

美国最具代表性的快速列车用机车，到 1928 年为止生产了 425 辆。这种量产机车上安装了前照灯和螺旋式自动投炭装置。活跃在蒸汽机车退出历史舞台前的最后 40 年里。686×711 mm 的双汽缸，蒸汽压力 14.4 kgf/cm^2，动轮直径 2,032 mm，全长 25.1 m，重 242 t。

1914年，瑞典国有铁路的J型过热式水柜蒸汽机车。2–6–4 420×580 mm的双汽缸，蒸汽压力12 kgf/cm²，动轮直径1,300 mm，重62 t，最高时速75 km。

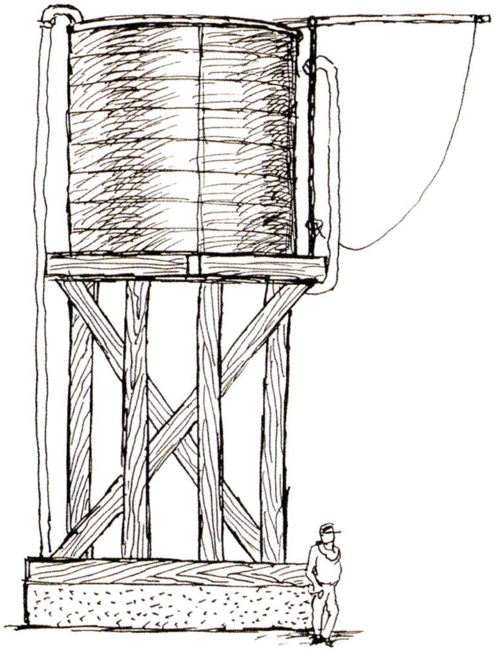

19世纪80年代，美国，蒸汽机车用补水罐

1914—1916 年，美国，伊利铁路的马利特式过热式蒸汽机车。2-8-8-8-2

3个4轴8动轮转向架重联的关节式机车。2个高压汽缸和4个低压汽缸尺寸相同，均为914×812 mm，蒸汽压力14.8 kgf/cm^2，动轮直径1,600 mm，全长32 m，重387 t。

1916—1920 年，美国，巴尔的摩—俄亥俄铁路的马利特式过热式蒸汽机车。2-8-8-0

2 个 4 轴 8 动轮转向架重联的关节式机车。高压汽缸 635×813 mm，低压汽缸 1041×813 mm，蒸汽压力 14.7 kgf/cm^2，动轮直径 1,474 mm，重 220 t。山区铁路和货运列车用机车。

1919 年，日本国有铁路的 C51 系“太平洋型”过热式蒸汽机车。4–6–2

由滨松等工厂制造。东海道线、山阳本线的快速列车用机车。最初称为18900型机车，1927年三菱造船所制造的最后几辆的编号改为C51系。到1927年为止，共生产了289辆。活跃到20世纪50年代。

轨距1,067 mm，530×660 mm的双汽缸，蒸汽压力13 kgf/cm^2，动轮直径1,750 mm，最高时速100 km。

1950 年左右的 C51 系机车

1938年有16辆改造成标准轨，作为快速列车用机车在中国上海至南京段运行。第二次世界大战后，在中国大陆继续运行了一段时间。

1918 年，美国，芝加哥—密尔沃基—圣保罗—太平洋铁路的 EP–2 型快速列车用电力机车。1–B–D–D–B–1

受流电压为直流3,000 V，装配12台功率为275 kW（370马力）的电动机，全长23.17 m，重240 t，最高时速112 km。

MILWAUKEE ROAD

第一次世界大战后的机车

在1914—1918年的第一次世界大战中，欧洲的火车几乎都被用来运输军队和军需物资。法国、英国的重工业都将重点放在生产武器装备上，铁路工业中生产机车所需的材料很难获得。于是英国从美国大量收购钢板等材料，制造出机车后送往欧洲战场。英国军队还组建了铁路运输部队，来运送法国的军队和军需物资。

1921年，第一次世界大战后独立的捷克斯洛伐克，国有铁路的365型蒸汽机车。2-6-2

由CKD公司的布拉格工厂制造，采用了奥匈帝国*的煤水车机车的典型设计。570×680 mm的双汽缸，蒸汽压力13 kgf/cm²，动轮直径1,780 mm，最高时速110 km。

* 捷克斯洛伐克（1993年解体为捷克和斯洛伐克）独立前受奥匈帝国统治。——编者注

1921—1950 年，苏联国有铁路的 E 型过热式蒸汽机车。0-10-0

在接近30年的时间里生产了近13,000辆。1921—1925年间，还分别从德国和瑞典进口了700辆和500辆。第二次世界大战后，匈牙利和捷克斯洛伐克也取得了该型机车的生产许可。汽缸 620×700 mm，蒸汽压力 12 kgf/cm^2，动轮直径 1,320 mm。

1922 年，第一次世界大战后独立的波兰，国有铁路的 OK22 型蒸汽机车。4-6-2

设计上沿用了德国的P8型机车。汽缸 575×630 mm，蒸汽压力 12 kgf/cm^2，动轮直径 1,750 mm。

到了 20 世纪 20 年代，电力机车越来越多，逐步侵占蒸汽机车的轨道。

1921 年，瑞士，雷蒂亚铁路的 Ge 6/6 型电力机车“鳄鱼（*Crocodile*）号”。C–C

在轨距1,000 mm的山区窄轨铁路上运行。受流电压为单相交流11,000 V,装配2台功率为470 kW(630马力)的电动机，全长13.3 m，重66 t，最高时速55 km。冬天，车头处会装配除雪机。

1921—1922 年，意大利国有铁路的 940 型过热式水柜蒸汽机车。2–8–2
540 × 700 mm 的双汽缸，蒸汽压力 12 kgf/cm^2，动轮直径 1,370 mm，重 87.3 t，最高时速 60 km。

自 1912 年以后，几乎所有的蒸汽机车都采用了过热装置，因此后文中将不再注明“过热式”。

1920—1940 年，西班牙北方铁路的蒸汽机车。2-8-0

在 1936—1939 年的西班牙内战中用来运输军队。汽缸 610×650 mm，动轮直径 1,560 mm，重 70.5 t。图为 1921 年的型号。

1922 年，英国，东北铁路（NER）的电力机车 13 号。2-C_o-2。NER 的快速客运列车的专用机车

1921 年，比利时国有铁路的 33 型复胀式蒸汽机车。2–8–0

4汽缸，高压汽缸 420×600 mm，低压汽缸 600×600 mm，蒸汽压力 16 kgf/cm^2，动轮直径 1,520 mm，最高时速 80 km。

受流电压为直流 1,500 V，装配 3 台功率为 224 kW（300 马力）的电动机，全长 16.3 m，重 104 t，最高时速 144 km。

1923 年，日本国有铁路的 D50 系“天皇型”货运蒸汽机车（当时称为 9900 型，1928 年改编为 D50 系）。2-8-2

由川崎造船所、日立制作所等工厂制造，到1931年为止，共生产了380辆。活跃在东海道线、山阳本线等路线。轨距1,067 mm，汽缸370×660 mm，蒸汽压力12.7 kgf/cm^2，动轮直径1,400 mm，全长20.2 m。图为1928年制造的D50系机车。

9900 型（后称为 D50 系）机车简图

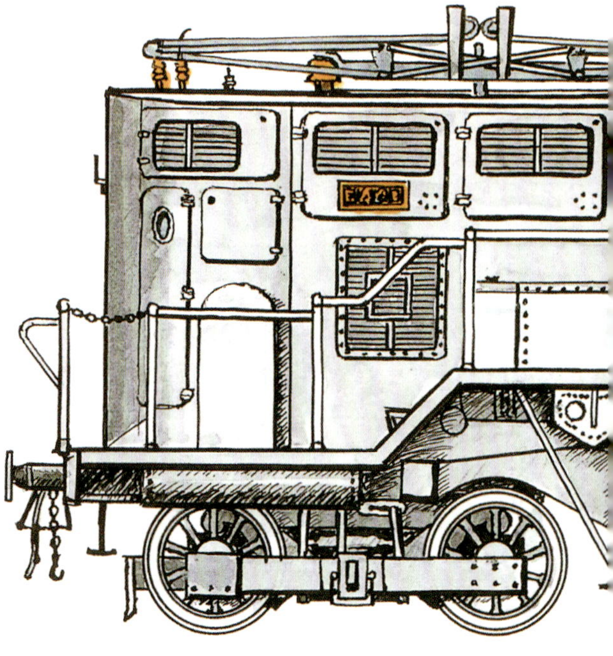

1926 年，法国，巴黎—奥尔良铁路的快速列车用电力机车。2-B-B-2

受流电压为直流1,500 V，装配4台功率为895 kW（1,200马力）的电动机，全长16.04 m，重131.7 t，最高时速120 km。

1925 年，德意志国铁路（1920 年由各邦国的自治铁路组成）的 01 型快速列车用蒸汽机车。4–6–2

650 × 660 mm 的双汽缸，蒸汽压力 16 kgf/cm^2，动轮直径 2,000 mm，最高时速 130 km。在柏林至汉堡段（全长 287 km）牵引重 280 t 的车辆时，时速可达 120 km。

1926—1927 年，奥地利铁路的 629 型水柜蒸汽机车。4–6–2

475 × 720 mm 的双汽缸，蒸汽压力 15 kgf/cm^2，动轮直径 1,570 mm，重 83.8 t，时速 60 km。

1927 年，瑞士联邦铁路的 Ae 4/7 型快速列车用电力机车。

2–D$_o$–1

受流电压为单相交流 15,000 V，装配 4 台功率为 574 kW（769 马力）的电动机，全长 16.76 m，重 118 t，最高时速 100 km。

1927—1930 年，英国，伦敦—米德兰—苏格兰铁路的“皇家苏格兰（*Royal Scot*）型”快速列车用蒸汽机车。4–6–0
475×660 mm 的 3 汽缸，动轮直径 2,067 mm，时速 130 km。

1926—1932 年，法国，巴黎—里昂—地中海铁路的复胀式水柜蒸汽机车。4–8–4
4 汽缸，高压汽缸 420×650 mm，低压汽缸 630×650 mm，动轮直径 1,650 mm。

6 蒸汽机车全盛时期

20世纪20年代后期到40年代（第二次世界大战发生于1939—1945年）对蒸汽机车来说是非常重要的时期，蒸汽机车产量不断提高、功能不断完善。此时，新动力交通工具开始向蒸汽机车的地位发起挑战，比如电力机车、货运卡车和长途客运飞机等，都在此时涌入了运输业。对此，蒸汽机车决不服输！有着百余年光辉历史的蒸汽机车在尺寸、牵引力、速度方面想尽办法，技术达到了顶峰。

1926年，阿尔科（ALCO）公司制造的蒸汽机车9000号的正面图

1932—1947 年，日本国有铁路的 C12 系水柜蒸汽机车。2-6-2

轨距 1,067 mm，400×610 mm 的双汽缸，蒸汽压力 14 kgf/cm²，动轮直径 1,400 mm，重 50 t，最高时速 70 km。

由日本车辆制造株式会社、日立制作所等工厂生产了共计 293 辆。62 辆被陆军征用，改造成 1,000 mm 轨距，在桦太岛（今萨哈林岛南部）的正太线上使用。

蒸汽机车疯狂发展

1926—1930 年，美国，联合太平洋铁路的蒸汽机车 9000 号。奇特的 4-12-2 式

3 汽缸，外侧 2 汽缸 686×813 mm，中央汽缸 686×787 mm，蒸汽压力 15.5 kgf/cm²，动轮直径 1,702 mm，全长 31.4 m，重 357.8 t。

1932—1935 年，法国，北方铁路巴黎郊外支线的 4 系（编号为 4.1201—4.1272）水柜蒸汽机车。2-8-2

585×700 mm 的双汽缸，蒸汽压力 18 kgf/cm^2，动轮直径 1,550 mm。

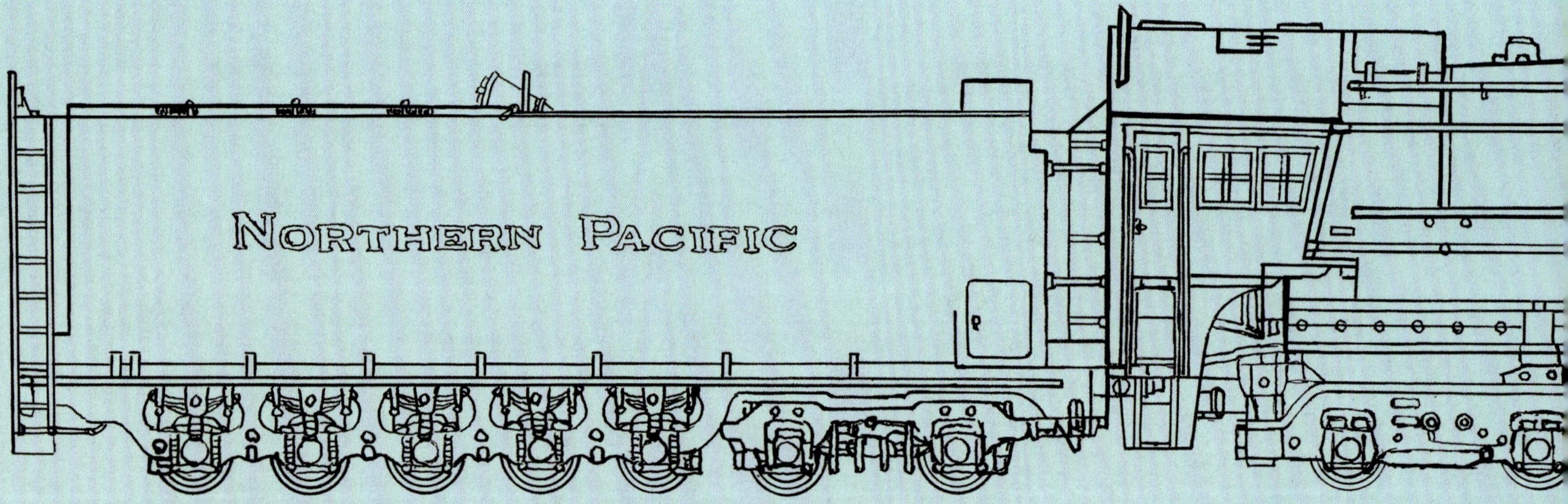

1936—1944 年，美国，北太平洋铁路的“挑战者（*Challenger*）型”蒸汽机车。4-6-6-4。由阿尔科公司制造

1934 年，比利时国有铁路的 1 型高速蒸汽机车。4–6–2

420×720 mm 的 4 汽缸，蒸汽压力 18 kgf/cm^2，动轮直径 1,980 mm，最高时速 150 km。

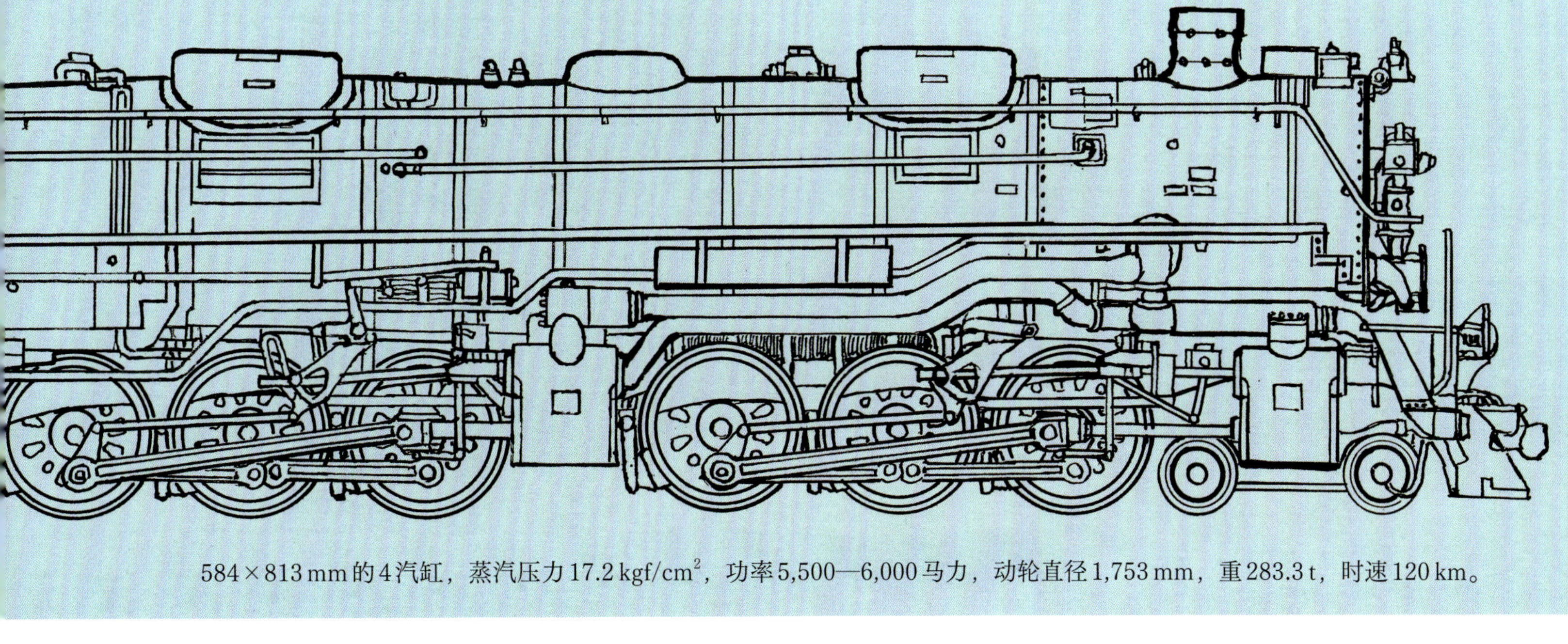

584×813 mm 的 4 汽缸，蒸汽压力 17.2 kgf/cm^2，功率 5,500—6,000 马力，动轮直径 1,753 mm，重 283.3 t，时速 120 km。

1936—1945 年，日本国有铁路的 D51 系“天皇型”货运蒸汽机车。2-8-2

轨距 1,067 mm，550 × 660 mm 的双汽缸，蒸汽压力 14 kgf/cm^2，动轮直径 1,400 mm，全长 19.73 m。

1937年后，D51系机车被大量生产。由日本车辆制造株式会社、日立制作所等13个工厂生产了共计1,151辆。

1939 年，美国，宾夕法尼亚铁路的 K4s 型（K4 型高速化）蒸汽机车。4-6-2

最高时速 157 km。

1937 年，德意志国铁路的 45 型蒸汽机车。2–10–2

520 × 720 mm 的 3 汽缸，蒸汽压力 20 kgf/cm^2，动轮直径 1,600 mm，最高时速 90 km。它是当时欧洲牵引力最强的蒸汽机车。

1937 年，加拿大太平洋铁路的“皇家赫德森（*Royal Hudson*）型”蒸汽机车。4–6–4

559 × 762 mm 的双汽缸，蒸汽压力 19.3 kgf/cm^2，动轮直径 1,905 mm，全长 27.69 m，重 299 t。

1945—1946 年，美国，纽约中央铁路的快速列车用蒸汽机车“尼亚加拉（*Niagara*）号”。4-8-4

648×813 mm 的双汽缸，蒸汽压力 19.3 kgf/cm^2，动轮直径 2,007 mm，全长 35.19 m，最高时速 140 km。

1941—1944 年，美国，联合太平洋铁路的关节式蒸汽机车“大男孩（*Big boy*）号”。4–8–8–4

603×813 mm 的 4 汽缸，蒸汽压力 21 kgf/cm²，动轮直径 1,727 mm，全长 40.49 m，重 539.7 t。

1944—1946 年，西班牙国有铁路（RENFE）的蒸汽机车。4–8–2

640×710 mm 的双汽缸，蒸汽压力 16 kgf/cm²，动轮直径 1,750 mm，全长 25.5 m，重 204 t。

内燃机车驶上铁路

1892年，德国工程师鲁道夫·狄塞尔（Rudolf Diesel）注册了柴油发动机的专利。与1882年以来汽车使用的汽油发动机不同，这种发动机使用便宜的柴油，而且能产生更强的动力。

在陆地运输之王蒸汽机车的轨道上，电力机车和电力动车都需要设立电线杆，拉上电线才可以运行，而内燃机车不需要电线就可以行驶，更何况内燃机车还具有重量轻、速度快的优势。因此，蒸汽机车受到了巨大的挑战。

1912 年，瑞典国有铁路的电力传动内燃动车

1929 年，加拿大国有铁路的干线用电力传动内燃机车。

$2\text{-}D_o\text{-}1+1\text{-}D_o\text{-}2$

两节重联，每节装配1台功率为992 kW（1,330马力）的发动机，全长14.34 m，重170 t，最高时速120 km。

1924 年，美国首辆电力传动内燃机车（调车用）。B_o–B_o

1932 年，日本国有铁路的首辆内燃机车（调车用）。0–B–0

日本国有铁路的内燃机车都编号为DB10。轨距1,067 mm。

● **内燃机车的传动方式**

内燃机车使用柴油发动机，它将动力传输到车轮的方式有两种，即电力传动和液力传动。电力传动是指由柴油发动机驱动发电机发电，再用电力驱动牵引电动机，电动机将动力传输至车轮。液力传动是指由柴油发动机驱动液力变矩器内的泵轮，泵轮带动周围的工作油旋转，工作油由于离心力的作用而冲击包围泵轮的涡轮，再由涡轮轴通过齿轮带动车轮转动。液力传动是以德国为中心发展起来的。

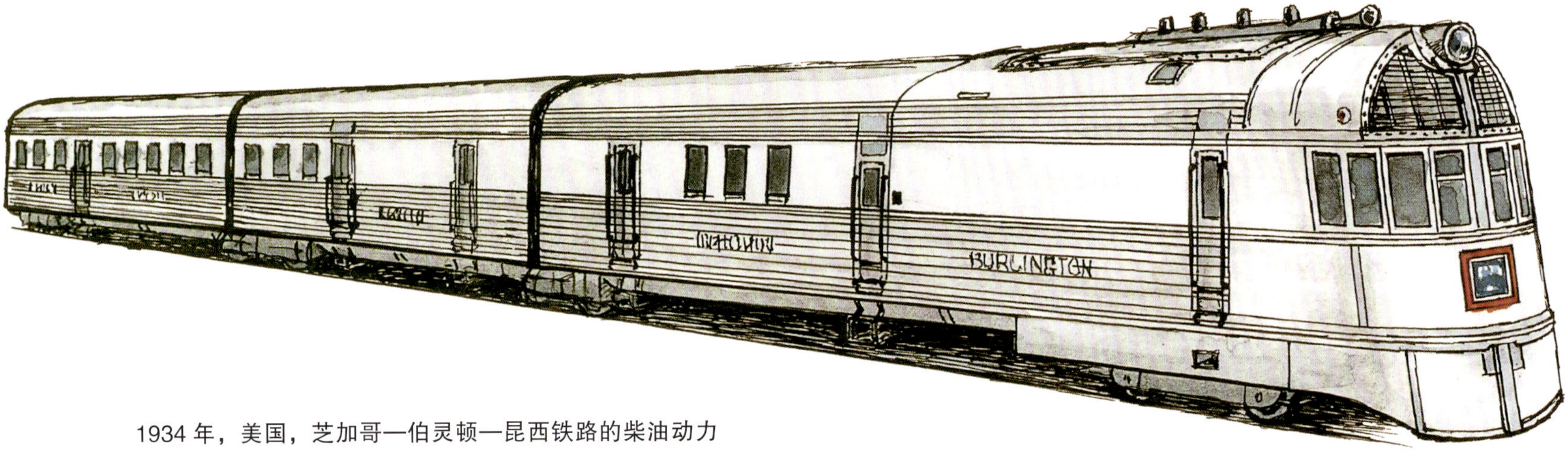

1934 年，美国，芝加哥—伯灵顿—昆西铁路的柴油动力特快列车（流线型），采用电力传动

3 节编组，装配 1 台功率为 448 kW（600 马力）的发动机，全长 59.74 m，重 79.5 t，最高时速 177 km。

1937 年，法国，巴黎—里昂—地中海铁路的快速列车用电力传动内燃机车。 2–C_o–2+2–C_o–2

各输出单元均装配 2 台功率为 765 kW（1,025 马力）的发动机，重 224 t，最高时速 130 km。

1936 年，英国，伦敦—米德兰—苏格兰铁路的电力传动内燃机车（调车用）。0–C_o–0

装配1台功率为260 kW(350马力)的发动机，全长8.71 m，重52.7 t，最高时速48 km。

1939 年，美国，巴尔的摩—俄亥俄铁路的电力传动内燃机车，EMD 公司制造的 F 单元系列（EMD F–unit）的 A、B 单元。B_o–B_o+B_o–B_o

各输出单元均装配1台功率为1,120 kW（1,500马力）的发动机，A单元长15.44 m，B单元长15.25 m，最高时速164 km。A单元有驾驶室，B单元没有。

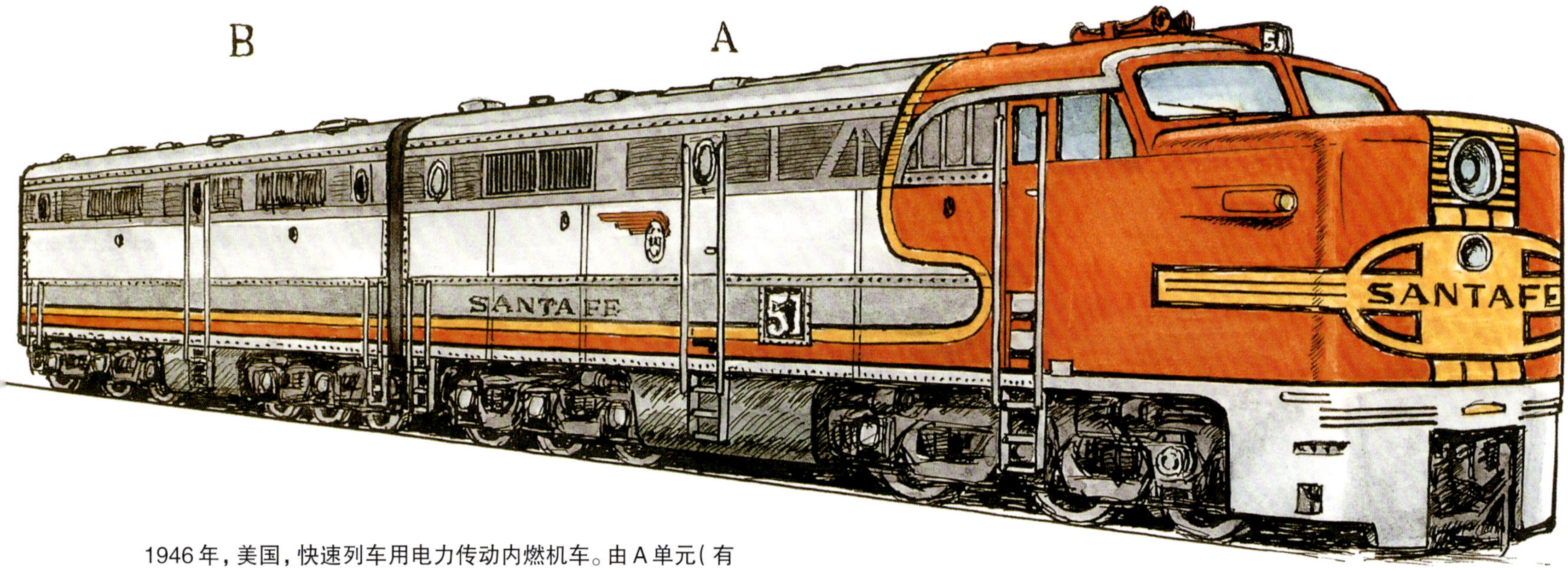

1946 年，美国，快速列车用电力传动内燃机车。由 A 单元（有驾驶室）、B 单元（没有驾驶室）编组而成。A–1–A–A–1–A
A、B 单元均装配一台功率为 1,490 kW（2,000 马力）的发动机，A 单元长 20.02 m，B 单元长 19.35 m，最高时速 188 km。

1947 年，英国，伦敦—米德兰—苏格兰铁路的电力传动内燃机车。C_o–C_o
装配 1 台功率为 1,200 kW（1,600 马力）的发动机，全长 18.64 m，重 129.4 t，最高时速 144 km。

1949 年，加拿大太平洋铁路的电力传动内燃机车（调车用）。B_o–B_o
原型来自美国。装配1台功率为1,490 kW（2,000马力）的发动机，全长17.12 m，重116 t，最高时速143 km。

1953 年，西德，德国联邦铁路（DB）的 V200 型快速列车用液力传动内燃机车。B–B
装配2台功率为820 kW（1,100马力）的发动机，全长18.47 m，重73.5 t。最高时速140 km。

流线型特快蒸汽机车的流行

随着电力机车和内燃机车的加入，陆地运输之王蒸汽机车的地位便不保了。在蒸汽机车人气刚开始下降的20世纪30年代后期，为了吸引人们的关注和兴趣，蒸汽机车开始被设计成流线型，速度也再次得到提升，这使蒸汽机车再度受到欢迎。但是由于在铁路近代化的潮流中颓势难挽，蒸汽机车的王者地位还是没能长久地维持下去。

1935 年，美国，芝加哥—密尔沃基—圣保罗—太平洋铁路的特快列车“海华沙（*Hiawatha*）号”的 A 型蒸汽机车。
4–4–2
483×711 mm 的双汽缸，蒸汽压力 21 kgf/cm^2，动轮直径 2,134 mm，全长 30.48 m，时速 161 km。1937 年，机车轴式改为 F7 型的 4-6-4 式。

美国，曾经的手持式信号机

1935 年，英国，伦敦—西北铁路的 A4 型特快列车用蒸汽机车。4–6–2

470×660mm的3汽缸，蒸汽压力17.5 kgf/cm^2，动轮直径2,030 mm。1938 年 7 月 3 日，这辆机车创下了蒸汽机车的世界最高时速纪录——202.7 km。

1935 年，德意志国铁路的 05 型快速列车用蒸汽机车。4–6–4

450×660 mm 的 3 汽缸，蒸汽压力 20 kgf/cm^2，动轮直径 2,300 mm。1936年5月11日，它创下了时速200.4 km的纪录。

1935—1937 年，日本国有铁路的 C55 系蒸汽机车。4-6-2
轨距 1,067 mm。流线型的 C55 系机车只生产了 21 辆。

1937 年，英国，伦敦—米德兰—苏格兰铁路的蒸汽机车“加冕（*Coronation*）号”。4-6-2

1937 年，法国，巴黎—奥尔良铁路的蒸汽机车 231-726 号。4-6-2

1938 年，美国，纽约中央铁路的 J-3a 型蒸汽机车。4-6-4

1939 年，比利时国有铁路的 12 型蒸汽机车。
4-4-2
汽缸 480×720 mm，蒸汽压力 18 kgf/cm^2，动轮直径 2,100 mm，最高时速 165 km。

1941—1943 年，美国，诺福克—西部铁路的 J 型蒸汽机车。4–8–4

1942 年，美国，宾夕法尼亚铁路的 T1 型快速列车用蒸汽机车。4–4–4–4

由雷蒙·勒维（Raymond Loewy）设计，鲍德温机车厂制造。502×660 mm 的 4 汽缸，蒸汽压力 21.1 kgf/cm^2，动轮直径 2,032 mm，全长 37.44 m，重 432.7 t，最高时速 130 km。

686 × 813 mm 的双汽缸，蒸汽压力 21 kgf/cm²，动轮直径 1,778 mm，全长 30.76 m，重 396 t。

1947 年，法国，东部铁路的 230 K 型快速列车用复胀式蒸汽机车。4–6–0

4 汽缸，高压汽缸 370 × 680 mm，低压汽缸 590 × 680 mm，蒸汽压力 18 kgf/cm²，动轮直径 2,090 mm。从巴黎行驶到斯特拉斯堡需 5 小时 15 分。

7 铁路近代化：火车的动力革命

到20世纪50年代，世界上生产蒸汽机车的主要国家都停止了蒸汽机车的生产和开发，从此蒸汽机车的身影从世界各地的铁路干线上逐渐消失。

到20世纪60年代，在电气化铁路区段行驶的是电力机车和电力动车组，非电气化区段行驶的则是内燃机车，几乎看不到蒸汽机车了。

但是，随着汽车和飞机的运输能力不断提升，这些在铁路近代化过程中产生的新型机车也与昔日的蒸汽机车一样，将逐渐失去交通运输之王的荣耀。

● 柴油发动机的4个冲程

燃料为柴油。先让空气充入气缸（进气过程）；然后压缩空气使其升温（压缩过程）；之后喷入雾状燃油，燃油会立即着火燃烧，气缸内产生巨大膨胀力推动活塞（燃烧膨胀过程）；最后排出废气（排气过程）。工作过程如下图。

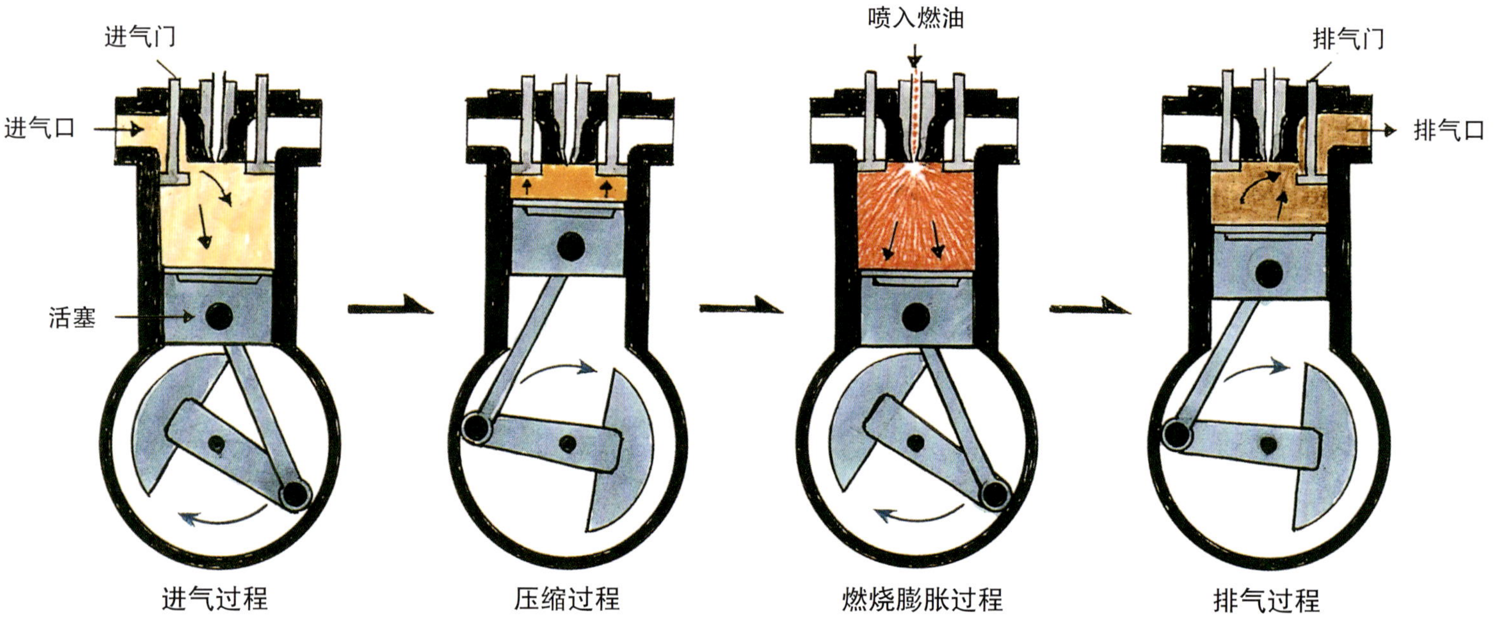

柴油发动机4个冲程的简图

电力传动内燃机车的动力传输过程：柴油发动机产生的动力带动发电机发电，电能传输至牵引电动机，电动机带动车轴上的齿轮箱，使动轮转动。

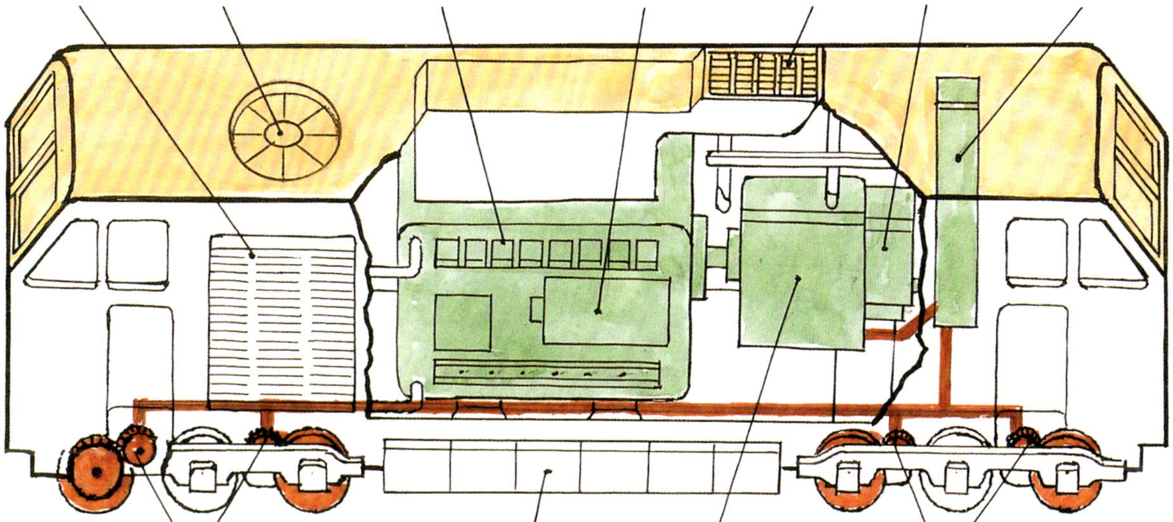

●电力传动内燃机车的结构

1960 年，日本国有铁路，采用 KiHa 80 系液力传动内燃动车的特快列车“初狩号”

挥手告别蒸汽机车

在铁路近代化过程中，为什么电动机和柴油发动机出现后，有着百余年光辉历史的蒸汽机车会节节败退呢？原因在于能源效率。蒸汽机车锅炉内产生的能量超过90%都被浪费了，而电动机和柴油发动机的能源效率高许多，更不需要不断添煤加水。另外，蒸汽机车至少需要司机和司炉两位技术娴熟的人来开动，而且劳动强度极大。而电力机车、内燃机车只需一位司机就能轻松驾驶，并且它们还不会产生煤烟，非常清洁。

20世纪中叶，美国经常发生煤矿工人罢工事件，煤炭的供给不稳定造成了煤价上涨，而石油价格便宜、储存量充足，得益于此，美国铁路顺利地从蒸汽时代跨入柴油时代，成功实现了近代化。得知这些转变后，欧洲（以及日本）的铁路公司也一个接一个地改用电力或柴油。蒸汽机车从此成为过去。

然而，蒸汽机车还另有一片天地。中国、印度以及非洲的部分国家，直到20世纪80年代还在生产大型蒸汽机车，古典的蒸汽机车在这些地方度过了它的晚年。

1948年，美国，切萨皮克—俄亥俄铁路的L-2型快速列车用蒸汽机车。4-6-4

635×762 mm的双汽缸，蒸汽压力17.9 kgf/cm^2，动轮直径1,981 mm，全长31.92 m，重381 t。

1947—1967 年，印度铁路的 WP 型蒸汽机车。4-6-2

由美国鲍德温机车厂制造，后来在印度国内制造。轨距 1,676 mm，514×711 mm 的双汽缸，蒸汽压力 14.7 kgf/cm^2，动轮直径 1,705 mm，重 172.5 t。

1948 年，日本国有铁路的 C62 系快速列车用蒸汽机车。4-6-4

当时，因为同盟国军队禁止日本新造机车，因此日本人使用战时生产的D52系机车的大型锅炉来组装成C62系机车。它是窄轨机车中最大型的干线用蒸汽机车。

轨距1,067 mm，520×660 mm 的双汽缸，蒸汽压力 16 kgf/cm^2，动轮直径 1,750 mm，重 144 t。1954 年，这辆机车创下了窄轨蒸汽机车的世界最高时速纪录——129 km。

1945 年 8 月日本战败，同盟国军队进驻日本。

1948—1952 年，法国，巴黎—里昂—地中海铁路的 241.P 型复胀式蒸汽机车。4–8–2

4 汽缸，高压汽缸 446 × 650 mm，低压汽缸 674 × 700 mm，蒸汽压力 20 kgf/cm^2，动轮直径 2,000 mm。

1951—1956 年，苏联国有铁路的 P36 型蒸汽机车。4–8–4

575 × 800 mm 的双汽缸，动轮直径 1,850 mm。

1957 年，西德，德国联邦铁路的 10 型快速列车用蒸汽机车。4–6–2

480×720 mm 的 3 汽缸，蒸汽压力 18 kgf/cm^2，动轮直径 2,000 mm。

1962 年，东德，德意志国铁路的 01.5 型快速列车用蒸汽机车。4–6–2

01 型机车在西德于 1974 年退役，在东德则一直服役到 1981 年。直到 1989 年柏林墙倒塌时，东德还在使用蒸汽机车。600×660 mm 的双汽缸，蒸汽压力 16 kgf/cm^2，动轮直径 2,000 mm，最高时速 160 km。

1954—1958 年，罗德西亚（今津巴布韦）铁路的 20 型戛拉式蒸汽机车。4–8–2+2–8–4

轨距 1,067 mm，508×660 mm 的 4 汽缸，蒸汽压力 14 kgf/cm²，动轮直径 1,295 mm，全长 31.45 m，重 228.5 t，时速 56 km。

1981 年，南非铁路的 26 型蒸汽机车“红魔（*Red Devil*）号”。4–8–4

轨距 1,067 mm，610×711 mm 的双汽缸，蒸汽压力 15.75 kgf/cm²，全长 27.9 m，重 230 t，最高时速 96 km。1992 年 4 月，南非所有蒸汽机车退役。

1954—1960 年，英国国有铁路的 9F 型蒸汽机车。2-10-0 508×711 mm 的双汽缸，蒸汽压力 17.6 kgf/cm^2，动轮直径 1,524 mm。该车型下的 92220 号机车是英国国有铁路的最后一辆蒸汽机车，被称为“黄昏之星（*Evening Star*）”。

1954年，捷克斯洛伐克国有铁路的498.1型蒸汽机车。4-8-2

500×680mm的3汽缸，蒸汽压力16kgf/cm^2，动轮直径1,830mm，重116.6t。

1960—1995年，中国国有铁路的"上游(SY)型"蒸汽机车。2-8-2

到1995年为止，煤炭资源丰富的中国生产了1,800辆"上游型"机车。由唐山机车车辆厂、青岛四方机车车辆厂等工厂制造。功率1,084kW，时速80km。

1957—1988 年，中国国有铁路的“建设（JS）型”货运列车用蒸汽机车。2-8-2

生产了1,916辆。由大连机车车辆厂、大同机车厂制造。时速85 km。

新型机车的涌现

1954 年，丹麦国有铁路（DSB）的 MY 型客货两用电力传动内燃机车。A–1–A–A–1–A

装配 4 台功率为 1,268 kW（1,700 马力）的发动机，全长 18.9 m，重 103.3 t，最高时速 133 km。

1958 年，日本国有铁路的 151 系电力动车组“回声号”

8 节编组，轨距 1,067 mm，受流电压为直流 1,500 V，装配 16 台功率为 100 kW（135 马力）的电动机，全长 165.5 m，重 274 t，最高时速 120 km。

日本国有铁路最早的长途电力动车组，运行于东海道线。1959 年 7 月 31 日，这列动车组创下了窄轨列车的世界最高时速纪录——163 km。

1953 年，意大利国有铁路的 ETR300 型电力动车组“塞特贝罗（*Settebello*）号”

7 节编组，受流电压为直流 3,000 V，装配 12 台功率为 187 kW（250 马力）的电动机，全长 165.2 m，重 325 t，最高时速 158 km。

1957 年，瑞士联邦铁路的 TEE 型特快列车，采用了电力传动内燃机车

4 节编组，尾部客车设有驾驶室。装配 2 台功率为 746 kW（1,000 马力）的发动机，全长 96.93 m，重 230 t，最高时速 139 km。

TEE 是全欧特快列车（Trans Europ Express）的缩写。

1959 年，英国铁路的 44 型快速列车用电力传动内燃机车。$1\text{–}C_o\text{–}C_o\text{–}1$

装配 2 台功率为 1,715 kW（2,300 马力）的发动机，全长 20.7 m，重 140 t，最高时速 144 km。相似型号的机车还有 1957 年的 30 型、1958 年的 40 型。

1961 年，美国，丹佛—格兰德河西部铁路的液力传动内燃机车。C–C

装配2台功率为1,500 kW（2,000马力）的发动机，全长20.1 m，重150 t，最高时速113 km。

1964 年，荷兰、比利时，尼德兰铁路最早的客运电力动车组

4—8节编组，受流电压为直流1,500 V，装配8台功率为134 kW（180马力）的电动机，全长101.24 m，重168 t，最高时速140 km。

1962 年，英国铁路的 52 型快速列车用液力传动内燃机车。C–C

装配 2 台功率为 1,000 kW（1,359 马力）的发动机，全长 20.73 m，重 110 t，最高时速 144 km。该型号下的全部机车被称为“西部系列（*Westerns*）”。

1964 年，法国国有铁路（SNCF）的 40100 系快速列车用电力机车。C_o–C_o。

受流电压为直流 1,500 V 和 3,000 V、交流 15,000 V 和 25,000 V，装配 2 台功率为 2,170 kW（2,910 马力）的电动机，全长 22.03 m，重 107 t。该系机车最高时速一般为 180 km。图为 40100 系的 40101 号，它的最高时速为 220 km。

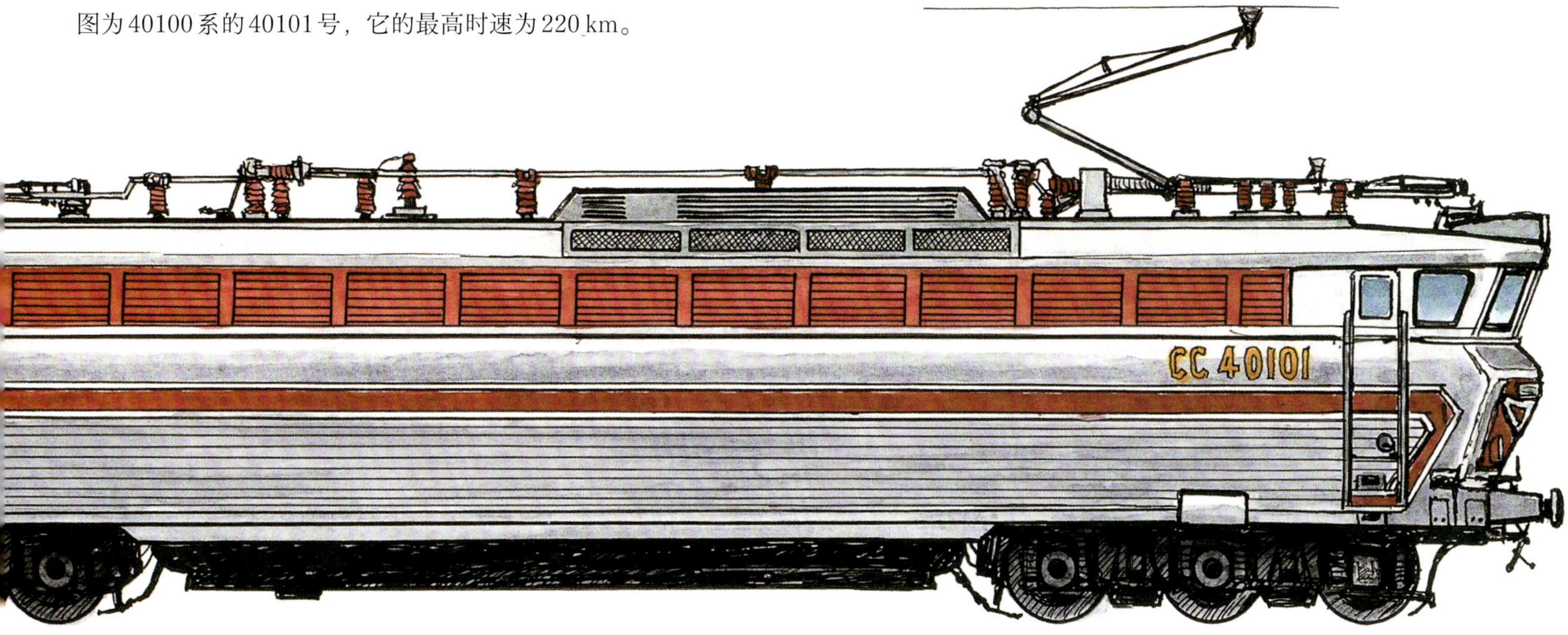

1962 年，日本国有铁路的 DD51 型液力传动内燃机车。B–2–B

轨距 1,067 mm，全长 18 m。

1967 年，日本国有铁路的 581 系卧铺电力动车组

12 节编组，轨距 1,067 mm，受流电压为直流 1,500 V 和交流 20,000 V，装配 24 台功率为 120 kW（162 马力）的电动机，全长 294 m，重 510 t，最高时速 120 km。1968年升级成为583系。

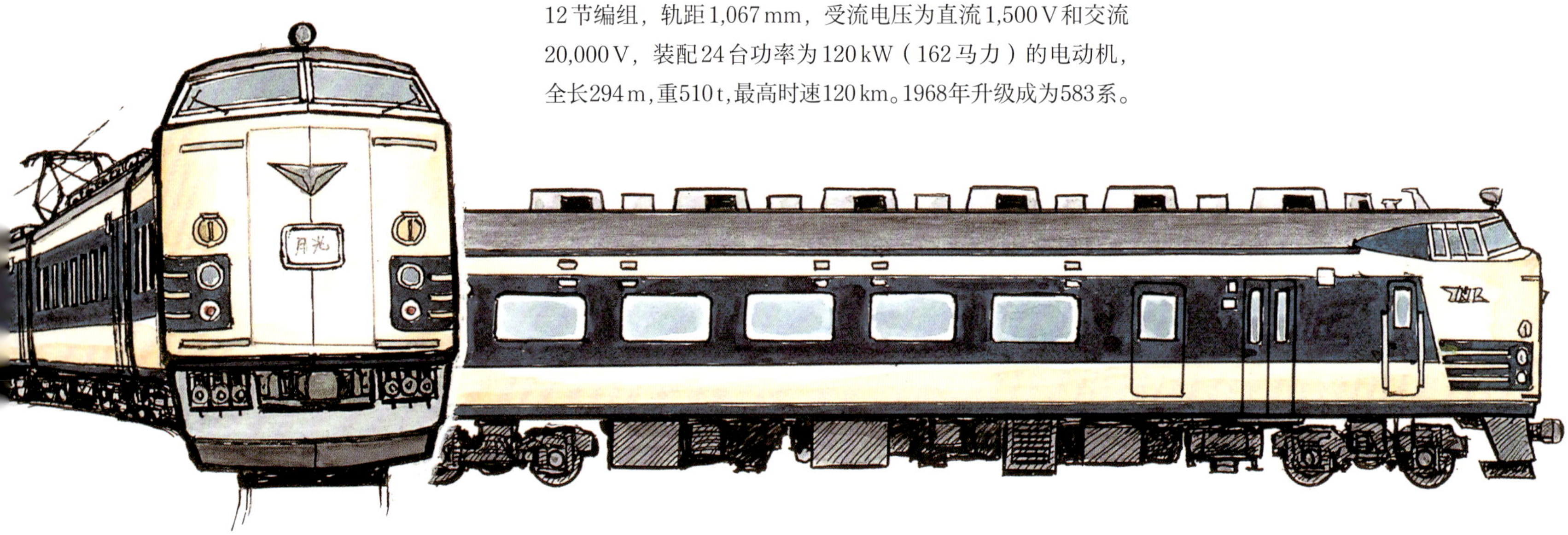

1964 年奥运会在东京举行。

1964 年，日本国有铁路新干线（东京至新大阪段的专用铁路新铺设了轨距 1,435 mm 的标准轨）的 0 系特快电力动车组“光号”“回声号”

12节编组。1969年起，“光号”列车开始采用16节编组。受流电压为交流25,000 V，装配64台功率为185 kW（248马力）的电动机，采用动力分散驱动方式。全长400.3 m，最高时速210 km。1972年3月新干线开通了新大阪至冈山段，1975年3月又延伸至博多。到1981年为止，0系的“光号”和“回声号”一直是世界上速度最快的列车。

日本国有铁路的 EF66 型电力机车

1968 年，日本国有铁路的 EF81 型电力机车。B_o–B_o–B_o

轨距1,067 mm，受流电压为直流1,500 V和交流20,000 V，装配6台功率为425 kW（570马力）的电动机，全长18.6 m，重100.8 t，最高时速110 km。EF81型机车与1966年的EF66型机车都被用来牵引蓝皮列车，一直服役到日本国有铁路民营化之时，深受日本人喜爱。

1967 年，苏联国有铁路的 $VL80^{T}$ 系电力机车。$B_0-B_0+B_0-B_0$
轨距1,524 mm，受流电压为交流25,000 V，装配8台功率为590 kW（790马力）的电动机，全长32.84 m，最高时速110 km。

1960 年，苏联国有铁路的TEP60系电力传动内燃机车。C_0-C_0
全长19.25 m。

1969 年，中国国有铁路的“韶山$_1$（SS_1）型”电力机车。
C_0-C_0
受流电压为交流25,000 V，装配6台功率为700 kW（940马力）的电动机，全长20.37 m，重138 t，最高时速90 km。

1969 年，南非，约翰内斯堡至开普敦段牵引“南非蓝色列车（*Blue Train*）”的 6E 型电力机车。B_o–B_o

轨距 1,067 mm，受流电压为直流 3,000 V，装配 4 台功率为 623 kW（835 马力）的电动机，全长 15.49 m，最高时速 112 km。

1969 年，中国国有铁路的“东风$_4$（DF_4）型”电力传动内燃机车。C_o–C_o

全长 21.21 m。

1971 年，中国国有铁路的“北京（BJ）型”快速列车用液力传动内燃机车。B–B

功率 2,462 kW（3,300 马力），全长 16.5 m，重 92 t，最高时速 120 km。

1969 年，美国，联合太平洋铁路的 DD40AX 型电力传动内燃机车。D_o–D_o

装配 2 台功率为 2,460 kW（3,300 马力）的发动机，全长 29.99 m，重 247.5 t，最高时速 144 km。

1970 年，西德，德国联邦铁路的 103.1 型特快列车用电力机车。C_o–C_o

受流电压为交流 15,000 V，装配 6 台功率为 1,180 kW（1,580 马力）的电动机，全长 19.5 m，重 114 t，最高时速 200 km。

1973 年，西德，德国联邦铁路的 ET403 系特快电力动车组

4 节编组，受流电压为交流 15,000 V，功率 3,840 kW（5,150 马力），全长 109.22 m，重 235.7 t，最高时速 200 km。1982 年 3 月，汉莎航空公司从联邦铁路租用该系列车来用作汉莎机场特快，行驶于杜塞尔多夫与法兰克福机场之间，以代替两地之间的短途航班。因此该系列车被称为“地面上跑的飞机”。

1976 年，美国，通用汽车公司（GM）的 F40PH 电力传动内燃机车。用于牵引美国国家铁路客运公司（美铁）的普通列车。B_o–B_o

装配 4 台功率为 2,240 kW（3,000 马力）的发动机，全长 15.85 m，重 105.2 t，最高时速 166 km。

1973 年，美国，美铁的 E60CP 型特快列车用电力机车。C_o–C_o

受流电压为交流 12,500 V/25 Hz 和 25,000 V/60 Hz，装配 6 台功率为 951 kW（1,275 马力）的电动机，全长 21.72 m，最高时速 137 km。

1967 年，美国，宾夕法尼亚铁路的都市间高速列车（*Metro-liner*）

时速200 km，速度曾与日本的新干线不相上下。图为美铁运营的东北走廊线上的电力动车组，4节编组。

Amtrak

● 美铁

1916年美国铁路总里程达到420,000 km，美国成为世界第一铁路大国。约1960年起，由于受到航空和汽车运输的冲击，铁路乘客数量显著减少，铁路公司相继停止了客运服务。1971年，国营的美国国家铁路客运公司（National Railroad Passenger Corporation，以Amtrak为名营业）创立，目的就是继续提供铁路客运服务。

1972 年，瑞士联邦铁路的 Re 6/6 型山区铁路用电力机车。

B_o–B_o–B_o

受流电压为交流15,000 V，装配6台功率为1,300 kW（1,740马力）的电动机，全长19.31 m，重120 t，最高时速140 km。

1975 年，瑞典国有铁路的 Rc4 型电力机车。B_o–B_o

受流电压为交流15,000 V/16.7 Hz，装配4台功率为900 kW（1,206马力）的电动机，全长15.52 m，重78 t，最高时速135 km。

1973 年，日本国有铁路的 381 系摆式电力动车组

轨距 1,067 mm，9 节编组，3 节为 1 单元。受流电压为直流 1,500 V，装配 24 台功率为 120 kW（162 马力）的电动机，全长 191.7 m，重 316 t，最高时速 120 km。

● 摆式列车

列车通过弯道时会受到离心力的作用。车身能自动倾斜来克服离心力的列车就称为“摆式列车”，这种列车在弯道上也可以高速行驶。

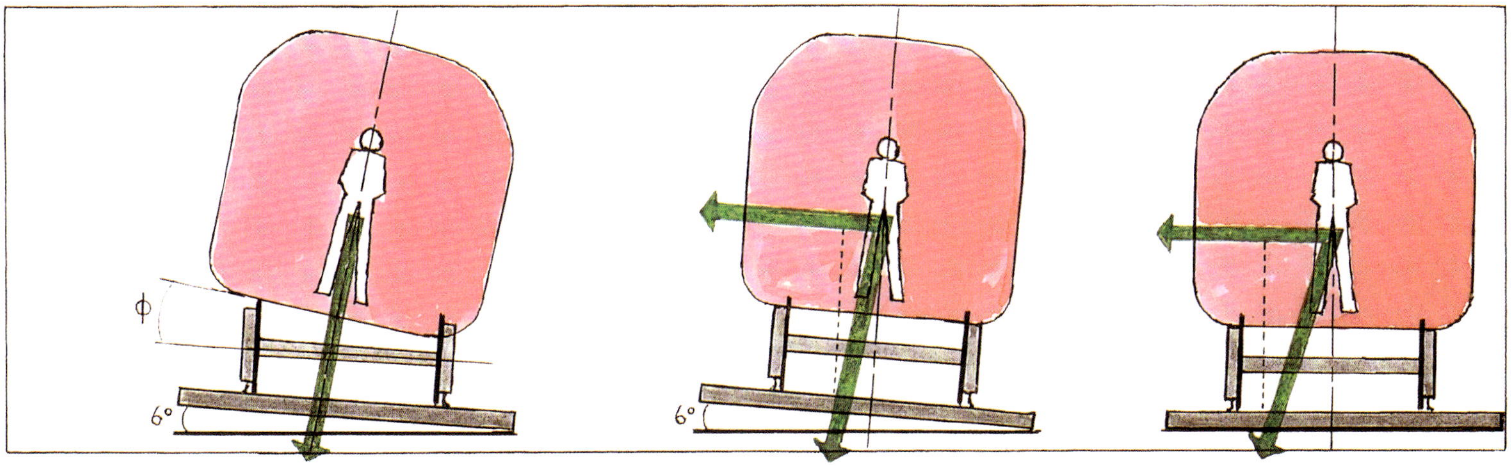

摆式列车：重力与离心力之合力的方向垂直于车底平面，人在车内可以直立。

普通列车：重力与离心力之合力的方向不垂直于车底平面，人在车内会倒向弯道外侧。

1976 年，意大利国有铁路的 ETR401 摆式特快电力动车组

4节编组，受流电压为直流3,000V，装配8台功率为250kW（335马力）的电动机，全长103.7m，重161t，最高时速250km。

1978 年，英国国有铁路的 HST125 高速列车，使用了 2 辆电力传动内燃机车（B_o–B_o）

9或10节编组，首尾为机车，机车功率1,680kW（2,250马力），列车全长219.58m，重383t，最高时速200km。

1979 年，西德，德国联邦铁路的 120 型电力机车。B_o–B_o

受流电压为交流15,000 V/16.7 Hz，装配4台功率为1,400 kW（1,880马力）的电动机，全长19.2 m，重84 t，最高时速160 km。

1981 年，澳大利亚，特快客运列车（Express Passenger Train，XPT），使用了 2 辆电力传动内燃机车

由新南威尔士州政府运营。8节编组，首尾为机车，机车功率1,490 kW（2,000马力），列车全长179.87 m，重375 t，最高时速160 km。英国HST125高速列车的澳大利亚版。

1970—1979年，中国国有铁路的“东方红$_2$（DFH$_2$）型”液力传动内燃机车。B–B

为援外项目“坦赞铁路”（坦桑尼亚—赞比亚）研制。轨距1,067 mm，装配2台功率为845 kW的发动机，最高时速90 km。后来又研制出“东方红$_3$型”“东方红$_4$型”和“东方红$_5$型”，分别出口到越南、阿尔巴尼亚和巴基斯坦。该型机车由青岛四方机车车辆厂生产了共计97辆。

1976—1996年，中国国有铁路的“东方红$_5$（DFH$_5$）型”液力传动内燃机车。B–B

功率790 kW，最高时速80 km。1988年改进为“东方红$_{5B}$型”“东方红$_{5C}$型”，功率920 kW。由资阳内燃机车厂生产了共计513辆。

1975 年，东德，德意志国铁路的 132 型快速列车用电力传动内燃机车。C_o–C_o

功率 2,240 kW（3,000 马力），全长 20.62 m，重 125.5 t，最高时速 120 km。

1964 年，西班牙国有铁路的液力传动内燃机车，用来牵引轨距可变（可根据宽轨 / 标准轨来改变轮对内侧距）的“泰尔戈（*Talgo*）系”特快客运列车。B–B

装配 2 台功率为 895 kW（1,200 马力）的发动机，全长 17.45 m，最高时速 140 km。

1974 年，奥地利铁路的 1044 型快速列车用电力机车。B_o–B_o

受流电压为交流 15,000 V/16.7 Hz，装配 4 台功率为 1,317 kW（1,765 马力）的电动机，全长 16 m，最高时速 160 km。

1982 年，加拿大，LRC 特快列车的电力传动内燃机车。

B_o–B_o

LRC 列车由加拿大国有企业 VIA 运营，装配 4 台功率为 2,910 kW（3,900 马力）的发动机，全长 202.69 m，最高时速 200 km。

1981 年，法国国有铁路巴黎至里昂段的 TGV 特快列车的电力机车。B_o–B_o。

列车 10 节编组，首尾为电力机车，受流电压为交流 25,000 V 和 15,000 V、直流 1,500 V，装配 12 台功率为 525 kW（704 马力）的电动机，全长 200.19 m，最高时速 270 km。

1982年，日本国有铁路的200系特快电力动车组，运行于东北、上越新干线（东北线是大宫至盛冈段，上越线是大宫至新潟段，1985年终点站延伸至上野，1991年延伸至东京），分“山彦号”“浅间号”等班次

该系列车具有防雪耐寒的结构，12节车辆均为动车（即分散驱动），车身为铝合金制。轨距1,435 mm，受流电压为交流25,000 V/50 Hz，装配48台功率为230 kW的电动机，首尾车厢长25.15 m，中间车厢长25 m，总重703 t，最高时速210 km。

1985年，日本国有铁路的100系特快电力动车组“光号”，运行于东海道、山阳新干线的东京—新大阪—博多段

16节编组，除双层的8号、9号车以及首尾的1号、16号车以外的12节车辆均为动车。受流电压为交流25,000 V/60 Hz，装配48台功率为230 kW的电动机，首尾车厢长26.05 m，中间车厢长25 m，总重845 t，最高时速230 km。

* 须对号入座。——编者注

** 相当于我国动车组的一等座。——编者注

100系“光号”的编制图　🚭=禁烟席，指=指定席*，♿=残疾人席，G=绿色席**，☎=电话，☕=自助餐吧，数字=旅客定员数。

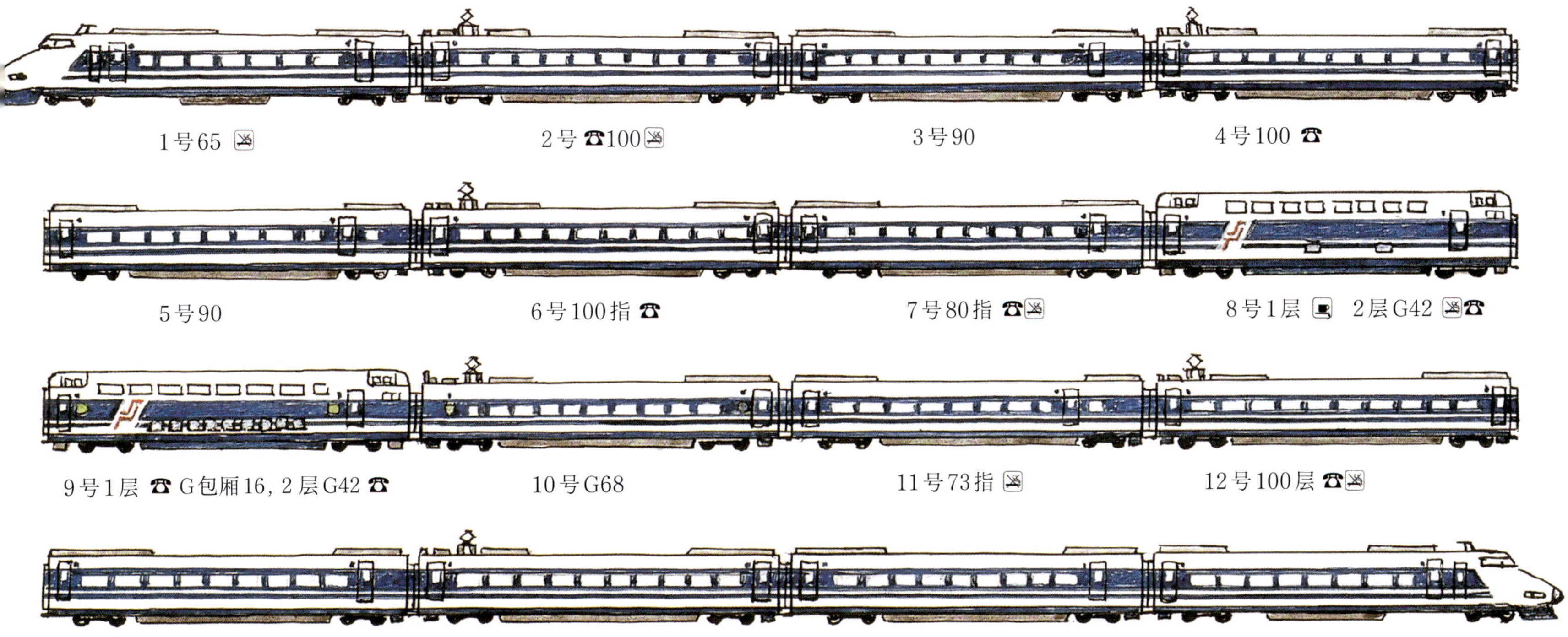

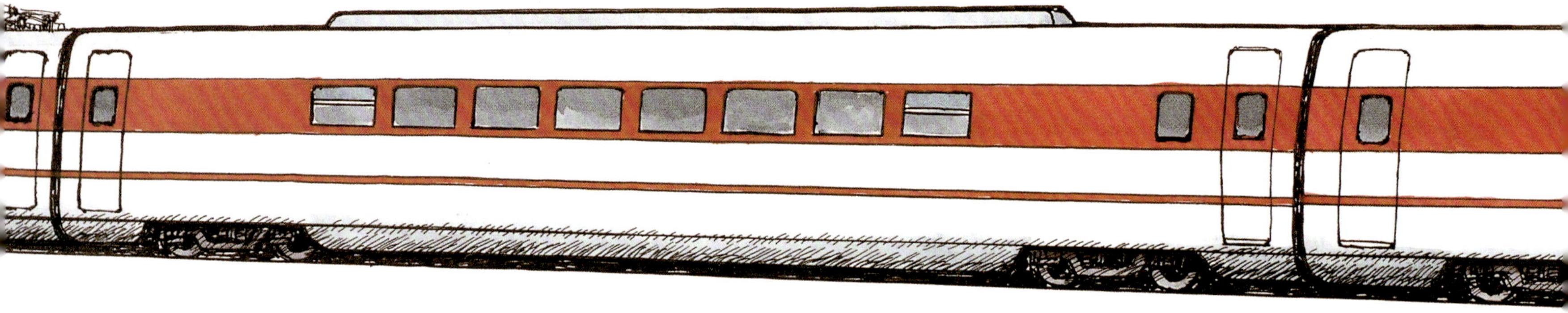

1988 年，英国国有铁路伦敦至格拉斯哥等路段的 IC225 特快列车的电力机车。B_o–B_o

列车 10 节编组，受流电压为交流 25,000 V/50 Hz，功率 4,540 kW（6,710 马力），总重 476.1 t（机车重 82 t），最高时速 225 km。

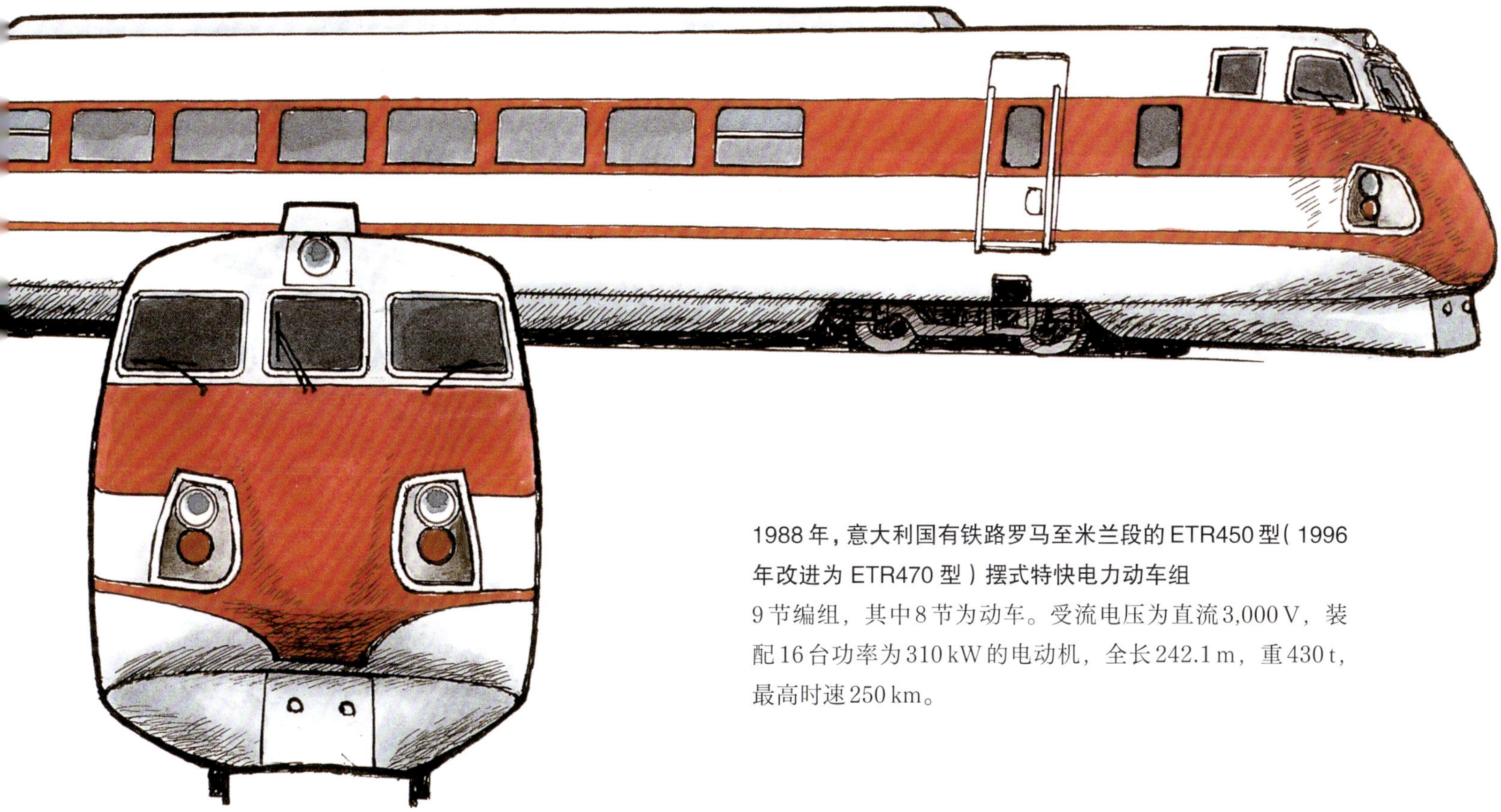

1988 年，意大利国有铁路罗马至米兰段的 ETR450 型（1996 年改进为 ETR470 型）摆式特快电力动车组

9 节编组，其中 8 节为动车。受流电压为直流 3,000 V，装配 16 台功率为 310 kW 的电动机，全长 242.1 m，重 430 t，最高时速 250 km。

1990 年，瑞典国有铁路斯德哥尔摩至哥德堡段的 X2000 摆式特快列车

6 节编组，受流电压为交流 15,000 V/16.7 Hz，功率 3,260 kW，全长 140 m，重 340 t，最高时速 210 km。

中国20世纪90年代的机车概况

在煤炭资源丰富的中国，蒸汽机车到1988年才停产。直到2005年，蒸汽机车才在中国铁路干线上全部退役。在此期间，中国也生产内燃机车、电力机车，并出口到其他国家。

1993年，中国制造，出口缅甸的CKD7型电力传动内燃机车。B_0–B_0–B_0

轨距1,000mm，功率1,250kW，最高时速90km。由大连机车车辆工厂制造。

1998年，中国国有铁路的NYJ1型液力传动内燃动车组

6节编组，首尾为动车。装配2台功率为1,000kW的发动机，最高时速140km。定员546人，硬卧车厢内设4个包间，每个包间内设上下两层4个卧铺。由青岛四方机车车辆厂制造。

1997年，中国制造，出口伊朗的TM1型客运列车用电力机车。B_0–B_0

受流电压为交流25,000 V/50 Hz，功率3,200 kW，最高时速140 km。由株洲电力机车工厂制造。

1988年，中国国有铁路的“东风$_{10}$（DF_{10}）型”客运列车用电力传动内燃机车。B_0–B_0+B_0–B_0

装配2台功率为1,985 kW的发动机，最高时速100 km。1996年的“东风$_{10F}$型”机车的最高时速达到160 km。由大连机车车辆工厂制造。

1994年，中国国有铁路的“韶山$_8$（SS_8）型”快速列车用电力机车。B_0–B_0

受流电压为交流25,000 V/50 Hz，功率3,600 kW，最高时速177 km。1998年，在京广铁路上进行实验测速时，该型机车创下了240 km的时速纪录。由株洲电力机车工厂制造。

20世纪铁路的压轴大戏——高速铁路网

20世纪90年代，世界各国掀起了新一轮的高速铁路建设高潮，时速300 km左右的特快列车开始运行，其中动力分散型列车以日本新干线为代表，动力集中型列车则以跨国运行的法国TGV为代表。

1987年，日本国有铁路民营化，分成JR东日本、JR东海、JR西日本等数家公司。

1989 年柏林墙倒塌，1990 年东西德统一。

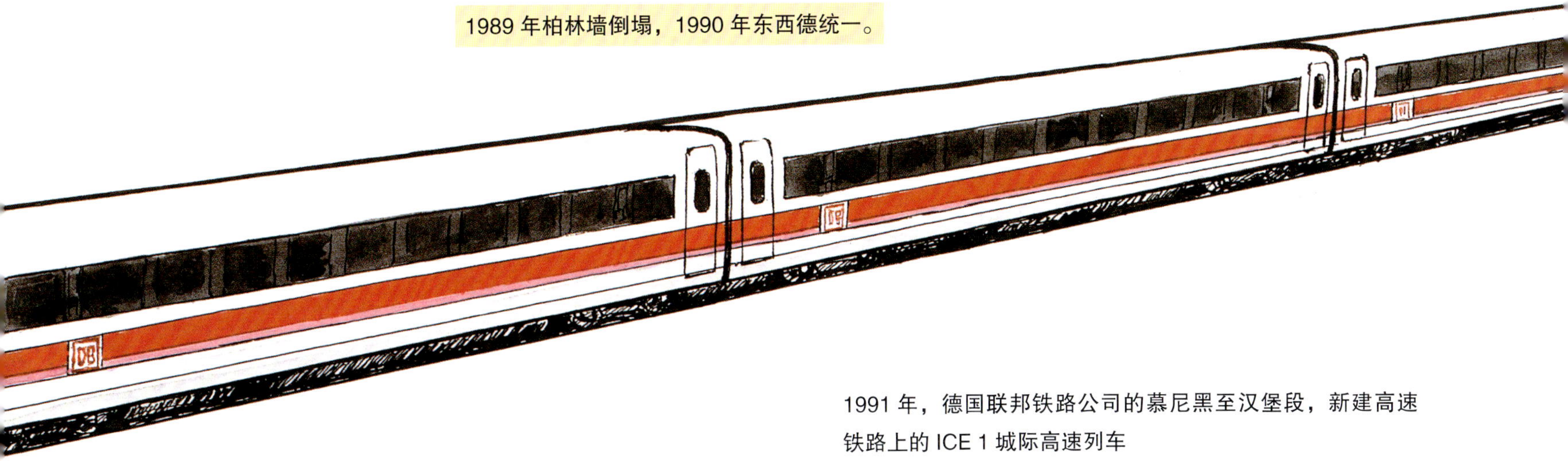

1991 年，德国联邦铁路公司的慕尼黑至汉堡段，新建高速铁路上的 ICE 1 城际高速列车

14—16 节编组，首尾为电力机车。受流电压为交流 15,000 V/16.7 Hz，装配 2 台功率为 4,800 kW 的电动机，全长 358 m，重 820 t，最高时速 280 km。21 世纪初，时速 300 km的ICE 3也被开发出来了。

1992 年，日本，JR 东海公司的 300 系特快电力动车组“希望号”，运行于东海道、山阳新干线

16节编组，其中10节为动车，车身为铝合金制。受流电压为交流25,000 V/60 Hz，装配40台功率为300 kW的电动机，全长402 m，重630 t，最高时速270 km。受电弓在6号和12号车顶部。

大西洋线包括巴黎至图尔段和巴黎至勒芒段。

1988—1992 年，法国国有高速铁路大西洋线的 TGV-A 高速列车

12节编组，首尾为电力机车。受流电压为交流25,000 V/50 Hz、直流1,500 V，装配8台功率为1,100 kW的电动机，全长238 m（机车长22.15 m），重490 t（机车重67.8 t），最高时速300 km。

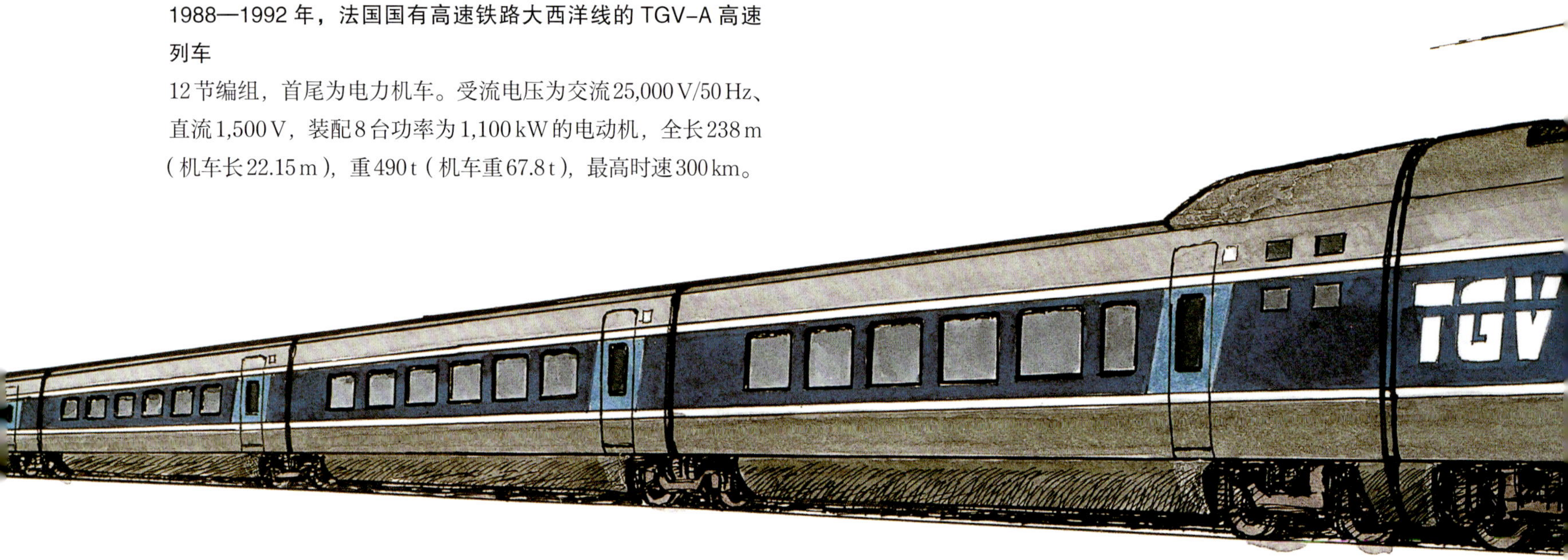

TGV-R 列车编制图

电力机车　　1号车一等座

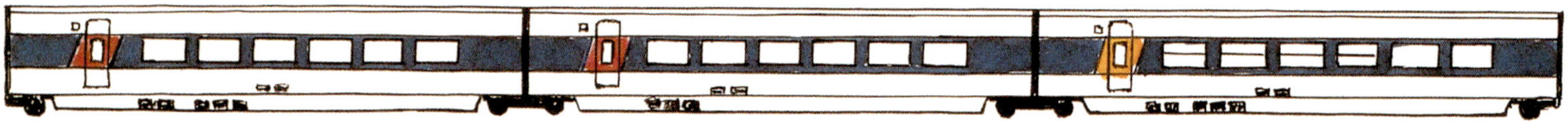

2号车一等座　　3号车一等座　　4号车自助餐吧和二等座

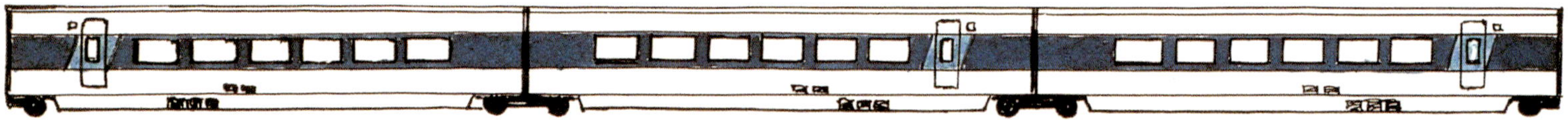

5号车二等座　　6号车二等座　　7号车二等座

8号车二等座　　电力机车

1993 年，高速铁路北欧线的 TGV–R 高速列车，也被称为“大力士（*Thalys*）”列车

数据与TGV-A基本相同，但该列车为10节编组。红色的“大力士”高速列车会从巴黎出发，经比利时的布鲁塞尔，最后抵达荷兰的阿姆斯特丹。北欧线后来延伸至德国。

1992 年，西班牙国有铁路的马德里至塞维利亚段高速铁路的 AVE 特快列车

改用了标准轨距（1,435 mm）。10 节编组，首尾为电力机车，具有与法国的TGV-A相同的构造。受流电压为交流25,000 V/50 Hz、直流3,000 V，功率8,800 kW，全长200 m，重392 t，最高时速300 km。

西班牙铁路的特殊情况：1845 年西班牙刚开始铺设铁路时，国王担心法国的侵略，因此使用了比法国轨距（标准轨距）更宽的轨距，即1,668 mm的宽轨。

1994 年 5 月 8 日，多佛尔海峡隧道开通。

1993 年，英国、法国、比利时，跨越多佛尔海峡的“欧洲之星（*Eurostar*）”特快列车

首尾为电力机车，中间 14 或 18 节客车两两铰接。采用法国 TGV 技术制造。受流电压为交流 25,000 V/50 Hz、直流 3,000 V 和 750 V，装配 12 台功率为 1,166 kW 的电动机，全长 380 m，重 816 t，最高时速 300 km。

1996 年，意大利，米兰—罗马—那不勒斯段高速铁路的 ETR500 型特快列车

13 节编组，首尾为电力机车。受流电压为直流 3,000 V，功率 4,400 kW，机车长 20.25 m，客车长 26.1 m，最高时速 300 km。车身为铝合金制。

1993 年 8 月，意大利国有铁路公司转变为控股公司。

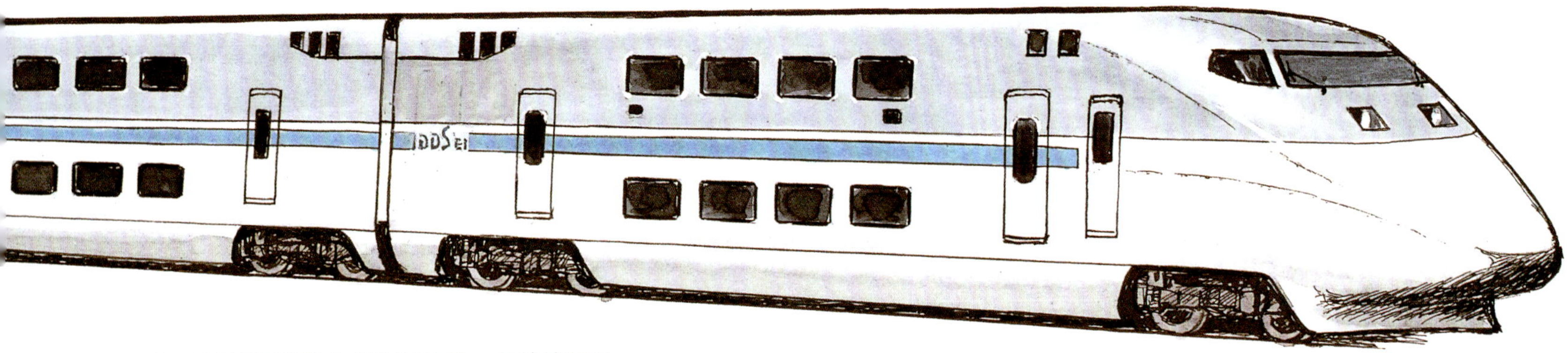

E1 系全两层特快电力动车组 Max 号的编制图

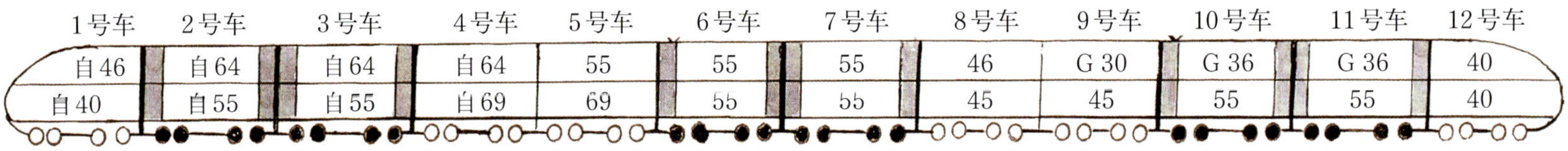

1994 年，日本，JR 东日本的东北、上越新干线的 E1 系全两层特快电力动车组 Max 号

12 节编组，6 节为动车。受流电压为交流25,000 V/50 Hz，功率9,840 kW，全长302 m，最高时速240 km。车身为钢铁制。世界首列全两层高速电力动车组。

1997 年，JR 东日本的东北、上越新干线的 E4 系全两层特快电力动车组Max号

8 节编组，4 节为动车。最高时速240 km。

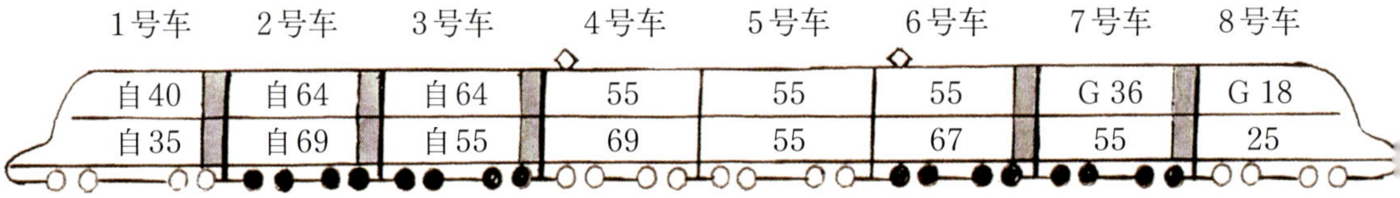

E4 系全两层特快电力动车组 Max 号的编制图

1995 年，法国国有铁路的 TGV–D 全两层特快电力列车

10 节编组，首尾为电力机车。受流电压为交流25,000 V/50 Hz、直流1,500 V，功率8,800 kW，全长200 m，最高时速300 km。车身为铝制。

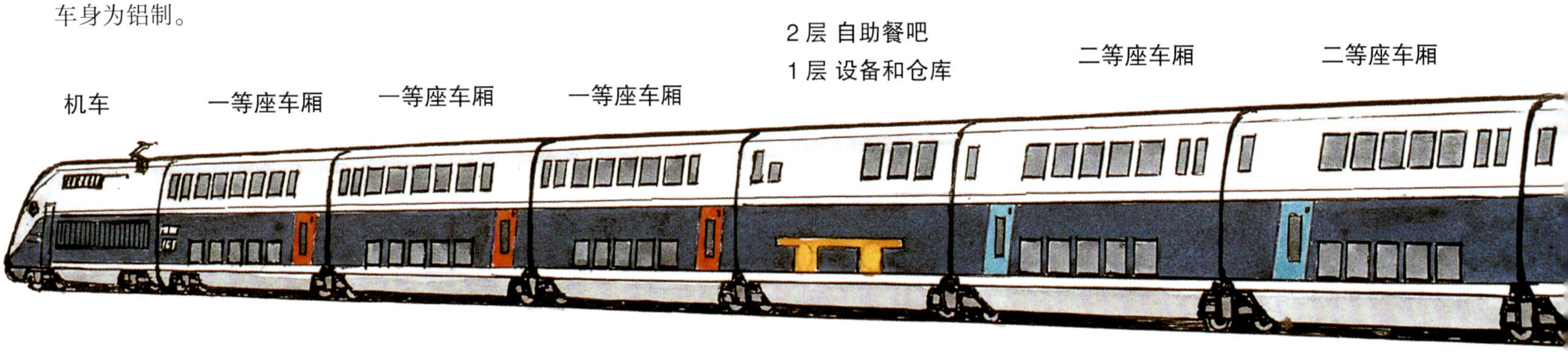

代表性高速列车的编制图

▒ = 设备室，● = 动轮，B = 自助餐吧，C = 包厢，G = 绿色（头等）席，自 = 自由席，🚭 = 禁烟席，数字 = 座位数。

英国、法国、比利时合作运营的“欧洲之星”。从巴黎出发，不停车3小时可抵达伦敦。

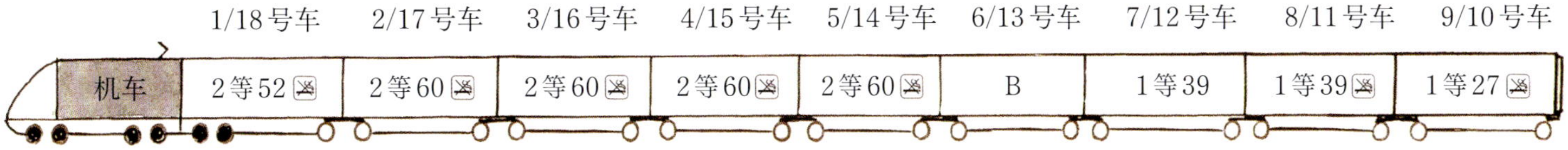

从列车头部机车到9号车为一组，10号车到尾部机车为另一组，两组相连。

西班牙的 AVE（编组方式与法国的 TGV-A 相同）

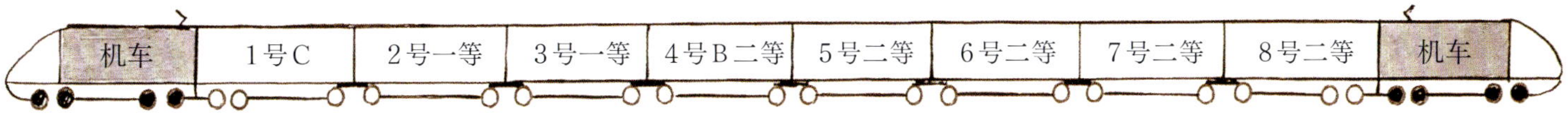

德国的 ICE（编组方式与意大利的 ETR500 相同）

意大利的 ETR450，全部为一等座车厢，共有 390 个座位

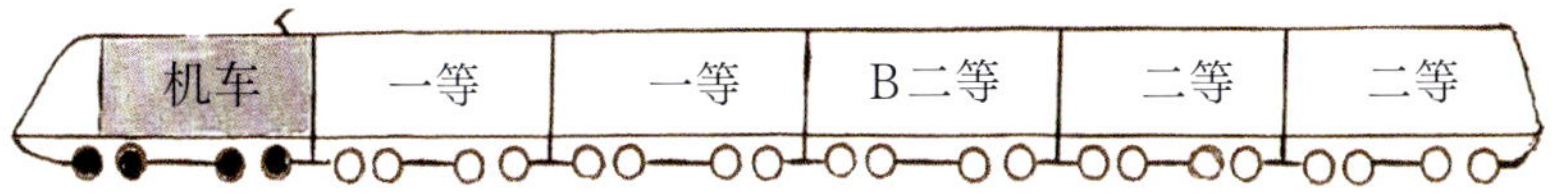

瑞典的 X2000，254 个座位 + 2 个轮椅席位

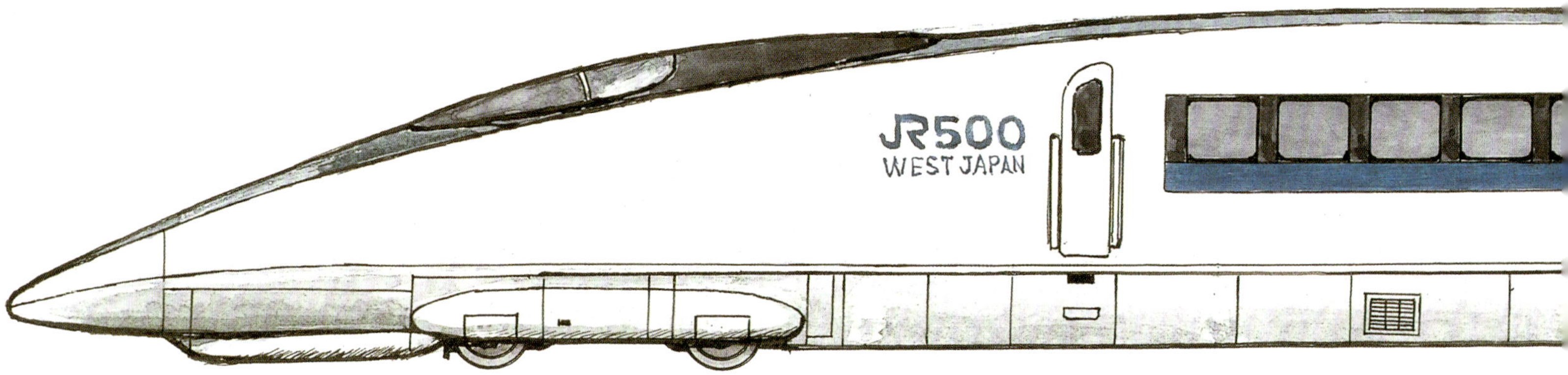

1997 年，日本，JR 西日本的 500 系特快电力动车组“希望号”

运行于东海道、山阳新干线。16 节编组，4 节为 1 单元，每节都是动车。受流电压为交流 25,000 V/60 Hz，总功率 18,240 kW，全长 404 m，最高时速 300 km。车身为铝制。

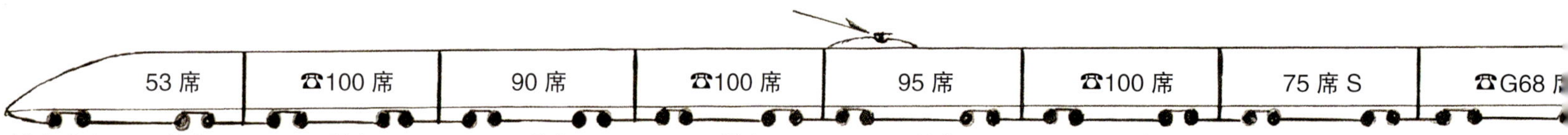

其他的新干线电力动车组

1997 年，长野新干线（正式名称为北陆新干线）的 E2 系“浅间号”。在长野至高崎段（通向东京）的最高时速为 275 km。属 JR 东日本。

1992 年，山形迷你新干线的 400 系电力动车组“翼号”。在新庄至山形段和山形至福岛段（通向东京）的最高时速分别为 130 km 和 240 km。属 JR 东日本。

1997 年，秋田迷你新干线的 E3 系电力动车组“小町号”。在秋田至盛冈段和盛冈至东京段的最高时速分别为 130 km 和 275 km。属 JR 东日本。

迷你新干线

日本的在来线（指新干线以外的所有铁路）的轨距为 1,067 mm，在此基础上另加一条钢轨，就扩展成了新干线的标准轨距 1,435 mm，要在这样的路线以及新干线两种轨道上行驶的动车组就称作迷你新干线动车组。因为要在在来线和隧道中行驶，所以迷你新干线动车组的车身比新干线动车组的小，在在来线上运行的最高时速也降低到了 130 km。

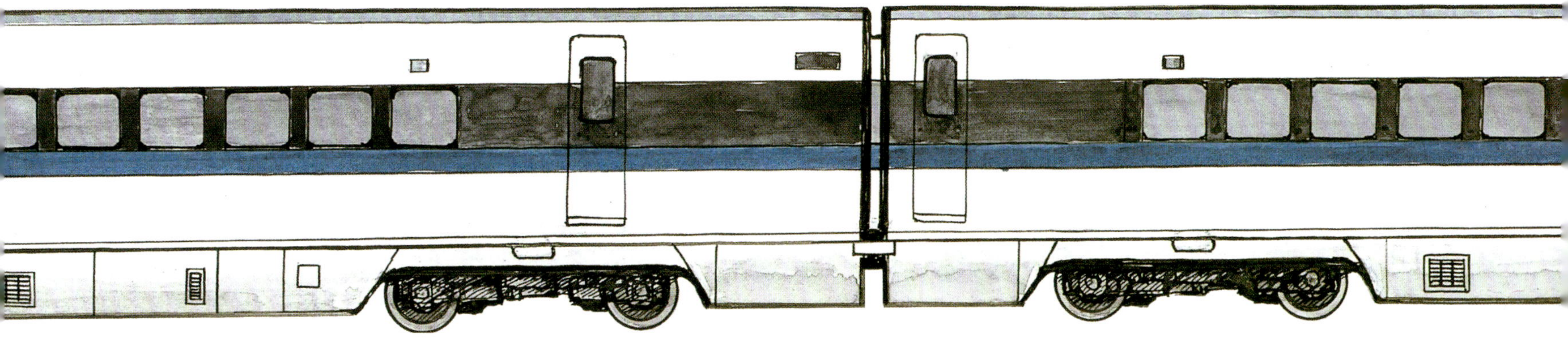

新干线 500 系电力动车组“希望号”的编制图

S= 服务区域，G= 绿色（头等）席，☎ = 电话。

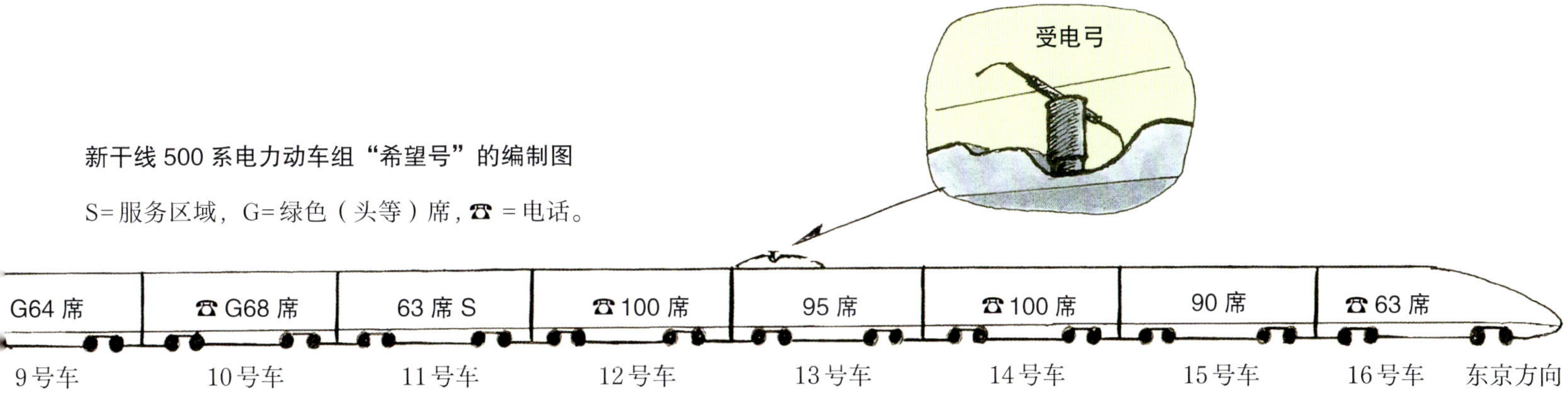

1999 年，日本，JR 西日本和 JR 东日本合作运营的 700 系特快电力动车组“希望号”

运行于东海道、山阳新干线。16 节编组，10 节为动车。受流电压为交流 25,000 V/60 Hz，总功率 13,200 kW，全长 405 m，最高时速 280 km。车身为铝制。

受电弓在 5 号车和 12 号车顶部。

山本忠敬　　道正太郎 摄

山本忠敬 年谱

1916年　出生于东京。

1941年　毕业于东京美术学校工艺与设计部。
成为横滨电影学院漫画电影研究所研究员。
为美术学校时代的老师和田三造氏主编的绘本月刊（少年美术研究会蓝天日本社、宝云社发行）提供画作。

1945年　任开成中学讲师。

1946年　开始设计、插图、电视广告和舞台设计等工作（忠站设计集团）。

1950—1956年　平凡社《儿童百科事典》插图。

1952—1954年　平凡社《缀方风土记》版画。

1954年　日本书籍出版协会《小学图画手工》上色、设计、编辑。

1959年　平凡社《日本残酷物语》全7卷，版画、插图。

1970年　东京书籍《新音乐》插图。

1970年　光村图书《小学新国语》插图。

1980年　日本书籍出版协会《小学社会科》艺术总监。

1956—1994年　新潮社《周刊新潮》从创刊号到1900号，设计、插图等。

1999年　福音馆书店《山本忠敬的交通工具图鉴：飞机的历史》出版。

2002年　福音馆书店《山本忠敬的交通工具图鉴：火车的历史》出版。

2003年　逝世。

术语汇总

车辆　vehicle

各种车的总称。但在铁道科学中，车辆特指没有动力装置、要靠机车牵引才能在铁路线上运行的客货运输工具。

从轮　trailing wheel

列车上没有动力驱动的轮子，一般装在车辆下边，起着支承车辆的作用。参见动轮部分。

导轮　guide wheel

装在机车或某些机械前部，不能自行转动，只有支撑作用的轮子。

电动机　motor

应用电磁感应原理运行的旋转电磁机械。用于实现电能向机械能的转换。运行时从电系统吸收电功率，向机械系统输出机械功率。

动车　motor car

承载运营载荷，且自身带有运营动力的铁路车辆。注意与动车组的区别。

动车组　motor car unit

把两节或两节以上动车（自带动力）与若干节拖车（不带动力）编在一起的列车，运行速度比普通列车快。根据动力来源，可分为内燃动车组和电力动车组；根据动力分配方式，可分为动力集中式动车组和动力分散式动车组。

动轮　driving wheel

机车或其他机械上跟动力直接相连的轮子。参见从轮部分。

发电机　generator

把机械能转换为电能的机器，多由绕有线圈的转子和定子组成。用动力机器使转子转动就产生电能。

发动机　engine

把热能、电能等转换为机械能的机器，用来带动其他器械工作。电动机也是一种发动机。

高速铁路　high speed railway

简称高铁。在不同国家、不同时代有不同规定，目前中国国家铁路局将高速铁路定义为：新建设计开行250 km/h（含预留）及以上动车组列车、初期运营速度不小于200 km/h的客运专线铁路。

功率　power

单位时间内所完成的功，单位为瓦（W）。1 W表示在1 s时间内做功为1 J。传统上也使用马力作为计量单位，1马力（公制）≈ 735.5瓦特。

关节式蒸汽机车
articulated steam locomotive

又称活节蒸汽机车，车架间或车架与锅炉间互相以活节连在一起，彼此间能相互活动，以便通过曲线。常用的关节式蒸汽机车有马利特式和戛拉式两种。

锅炉　boiler

利用燃料燃烧放出的热，通过金属壁面将水加热产生蒸汽的设备。锅炉是蒸汽动力装置中的重要组成部分，是蒸汽供热系统中的热源。

火车　train

“列车”的习称。铁路早期皆以蒸汽机车为牵引动力，机车上燃煤火光炽热，故称火车。后泛指列车。

机车　locomotive

俗称“火车头”。牵引铁路车辆的动力车。可分为热力机车和电力机车两类。热力机车包括蒸汽机车、内燃机车和燃气轮机车；电力机车包括直流电力机车和交流电力机车。按用途分为客运机车、货运机车、调车机车和工矿机车。

轮缘　wheel flange

车轮内侧高于车轮踏面的部分。轮缘与踏面之间的角度通常会根据轨道来设计，以防止车轮跳起或脱轨。

汽缸　cylinder

蒸汽机中供活塞在其中作往复运动的圆筒形机件。

气缸　cylinder

内燃机中供活塞在其中作往复运动的圆筒形机件。

受电弓　pantograph

受电器的一种。电力机车和电动车辆上接受电能的电气设备，安装在车顶上，同接触网相接触，将电能引入车内。

转向架　truck

机车或车辆的走行装置。由构架、弹簧装置、轴箱、轮对等组成。用以承载车身重量，并帮助通过铁路曲线。在机车和其他机动车辆上还传递牵引力。

索　引

主要参考文献

1. John Bartholomew and Son. Railway history map of Britain. Edinburgh: Bartholomew, 1973
2. Rh Value Publishing. Illustrated Encyclopedia of the World's Modern Locomotives. NY: Crescent books, 1988
3. Evelyn Curro. The American Eye of Elelyn Curro. NY: Chelsea House Publishers, 1970
4. Reginald Carpenter, Kalla-Bishop Reginald, Munson Peter, et al. Powered vehicles. NY: Crown Publishers, 1974
5. O. S Nock, C. Meadway, W. Meadway. Railways of the Modern Age Since 1963. Dorset: Blandford Press, 1975
6. C. Hamilton Ellis. The lore of the train. NY: Crescent books, 1977
7. John Westwood. All colour world of trains. London: Octopus books, 1978
8. Luciano Greggio. Steam locomotives. NY: Crescent books, 1980
9. Brian Hollingsworth. The Illustrated Encyclopedia of North American Locomotives. NY: Crescent books, 1984
10. Rh Value Publishing. North American Steam: A Photographic History. NY: Crescent books, 1991
11. Arthur Tayler. Hi-Tech Trains: The Ultimate in Speed, Power and Style. NY: Chartwell books, 1992
12. Walter P. Gray, John P. Hankey. Pictorial history of north American railroads. Illinois: Publications international, 1996
13. 高韬. 中国铁路史画（1876—1995年）. 北京: 中国铁道出版社，1996
14. 中日铁道友好推进协议会. 新干线——日本的高速铁路. 1998
15. 中国铁路机车车辆工业科学技术协会，编. 中国铁路机车图片集. 1999
16. 臼井茂信. 国鉄蒸気機関車小史. 鉄道図書刊行会，1956
17. 日本の客車編さん委員会. 写真で見る客車の90年　日本の客車. 鉄道図書刊行会，1962
18. 平凡社. 太陽，1967，6
19. 野々上慶一，编. 文明開化錦繪集. 垂水書房，1967
20. 講談社，编. 写真図説 鉄道百年の歴史. 1971
21. 久保田博. 新しい日本の鉄道. 保育社，1972
22. 朝日新聞社. 日本の蒸気機関車. 1975
23. 朝日新聞社. 蒸気機関車100年（明治・大正・昭和）. 1976
24. O. S. Nock. 図説世界の鉄道. 高田隆雄，秋山常子，译. 平凡社，1980
25. RGG，武内豊. ブルートレイン. 山と溪谷社，1984
26. 高田隆雄，编. 特急列車一走りつづけて80年. 新潮社，1985
27. 南正時. ヨーロッパ鉄道の旅——国際特急に乗ろう（エアリアガイド）. 昭文社，1985
28. 交友社. 国鉄・私鉄オンパレード. 1986
29. 荒川好夫，JRR. 最新車両カタログ. 山と溪谷社，1986
30. 吉村光夫，広田尚敬. 特急国铁の本. 講談社，1986
31. 真島満秀，JRR. 世界の特急列車. 山と溪谷社，1986
32. 主婦の友社，编. キップでまわる世界の鉄道. 1986
33. 広田尚敬. 機関車（国鉄車両形式集）. 山と溪谷社，1987
34. Benson Bobric. 世界地下鉄物語. 日高敏，田村咲智，译. 晶文社，1994
35. 諸河久，松本典久. 新幹線（カラーブックス）. 保育社，1995
36. 斎藤晃. 蒸気機関車の興亡. NTT出版，1996
37. Brian Perren. フランスの高速鉄道TGVハンドブック. 秋山芳弘，青木真美，译. 電気車研究会，1996
38. 桜井寛. ヨーロッパ鉄道夢紀行——ユーロスターからオリエント急行まで. 東京書籍，1997
39. 佐藤芳彦. 世界の高速鉄道. グランプリ出版，1998
40. 松本典久，JRR. あたらしい新幹線ずかん. 小峰書店，1998
41. 桜井寛. 遥かなる車窓. バウハウス，1998
42. 高橋揚一. ヨーロッパの鉄道一駅・列車・路線. 学陽書房，1998
43. 伊藤久巳. かっこいいぞ新幹線と特急電車. イカロス出版，1999
44. 大木茂，結解学. ヨーロッパの鉄道撮影ガイドブック. 弘済出版社，1999
45. 交友社. 鉄道ファン（月刊）

图书在版编目（CIP）数据

山本忠敬的交通工具图鉴. 火车的历史 / (日) 山本忠敬著；唐春明译；浪花朵朵编译.
—福州：福建教育出版社，2018.4（2024.9重印）
ISBN 978-7-5334-8017-2

Ⅰ. ①山… Ⅱ. ①山… ②唐… ③浪… Ⅲ. ①铁路运输－交通运输史－世界－图集 Ⅳ. ①U-091

中国版本图书馆CIP数据核字（2018）第013521号

HISTORY OF THE LOCOMOTIVES
Text and Illustrations by Tadayoshi Yamamoto

Originally published by Fukuinkan Shoten Publishers, Inc., Tokyo, 2002
under the title of KIKANSHA・DENSHA NO REKISHI The Simplified Chinese language rights arranged with Fukuinkan Shoten Publishers, Inc., Tokyo through Bardon-Chinese Media Agency

Simplified Chinese translation edition published by Ginkgo (Beijing) Book Co., Ltd.

版权登记号 图字 13-2018-024

山本忠敬的交通工具图鉴：火车的历史
Shanben Zhongjing de Jiaotong Gongju Tujian：Huoche de Lishi

作　　者：[日] 山本忠敬　译　　者：唐春明　编　　译：浪花朵朵
出 版 人：江金辉　责任编辑：雷　娜　美术编辑：邓伦香
筹划出版：银杏树下　出版统筹：吴兴元　特约编辑：彭　鹏
营销推广：ONEBOOK　装帧制造：墨白空间　经　　销：新华书店

出版发行：福建教育出版社
（福州市梦山路 27 号　邮编：350025　http：//www.fep.com.cn
编辑部电话：0591-83763280　发行部电话：0591-83721876/87115073、010-62027445）
印　　刷：北京盛通印刷股份有限公司　开　　本：889 毫米 ×1194 毫米　1/12
印　　张：15　字　　数：144 千字
版　　次：2018 年 4 月第 1 版　印　　次：2024 年 9 月第 8 次印刷
书　　号：ISBN 978-7-5334-8017-2　定　　价：168.00 元

读者服务：reader@hinabook.com 188-1142-1266　直销服务：buy@hinabook.com 133-6657-3072
投稿服务：onebook@hinabook.com 133-6631-2326　官方微博：@ 浪花朵朵童书